KB263681

변환 관리

변환 관리

변화를 성공으로 이끄는 법

윌리엄 브리지스 지음 | 이태복 옮김

도서출판 물푸레

역자에 관하여

이태복은 리더십, 액션 러닝, 체인지 매니지먼트, 퍼실리테이션 스킬, 워크아웃 타운 미팅이 주요 지도 분야이다. 다양한 업종과 다양한 지역의 세계 초일류 기업들에 대한 현지 벤치마킹과 선도적인 해외 컨설턴트들과의 네트워크를 통해 변화에 대한 글로벌하고 폭넓은 관점을 가지고 있다.

주요 저·역서로는 『영원한 것은 없다 : 변화에 성공하는 6가지 핵심요소』, 『비즈니스 성과 중심의 액션 러닝』, 『GE Work-out』, 『잭 웰치와 GE 방식 필드북』, 『잭 웰치와 GE 방식』, 『벽 없는 조직-GE사 사례 중심』, 『팀 성공 비결』, 『교세라의 아메바 조직』, 『군살빼기 경영』, 『회의를 성공적으로 하는 법』 등이 있다. 또한 한국의 액션 러닝 사례와 벤치마킹 사례에 대한 글을 해외에서 발행되는 단행본과 전문 잡지에 기고했다.

성균관대학교 행정학과, 연세대학교 경영대학원, 조지워싱턴대학 박사 과정. 현재 패러다임컨설팅 대표컨설턴트.

e-mail : pca5865@chol.com

변환 관리

지은이 | 윌리엄 브리지스
옮긴이 | 이태복
펴낸이 | 우문식
펴낸곳 | 도서출판 물푸레
1판 1쇄 인쇄 | 2004년 4월 15일
1판 1쇄 발행 | 2004년 4월 20일
등록번호 | 제 1072-25호
등록일자 | 1994년 11월 11일
경기도 안양시 동안구 호계 1동 994-5
전화 | (031)453-3211
전송 | (031)458-0097
홈페이지 | www.mulpure.com
책에 관한 문의는 mpr@mulpure.com으로 해주시기 바랍니다.
값 13,000원
ISBN 89-8110-189-2 03320

차례

| 감사의 글 |

이 책의 초판에서

나는 변환이 조직에 어떤 영향을 미치는지, 또한 보다 건설적인 변환을 이루기 위해서는 어떻게 해야 하는지에 대해 아낌없는 조언을 제공해준 컨설턴트와 여러 조직의 직원들에게 감사의 말을 전했다. 처음 책이 나온 지 어언 10년이란 시간이 지나는 동안 나와 동료들은 조직 개편, 합병, 경영진 교체, 문화의 변화, 전략상의 변화를 순조롭게 헤쳐 나가기를 원하는 수많은 조직들에 도움을 주면서, 초판의 내용을 수정할 기회를 가질 수 있었다. 그리고 이번에도 역시 많은 컨설턴트들과 조직의 직원들이 아낌없는 도움을 주었다. 프로젝트에 대한 지원뿐만 아니라 변환이 조직이나 개인의 성장에 꼭 필요한 것이라는 가르침 말이다.

그동안 우리 회사가 주관한 다양한 프로젝트와 공개 세미나들은 크리스 에지로우와 루스 모튼, 이 두 동료의 지원 하에 이루어졌다. 이 두 사람은 내가 처음 변환 관리 교육 프로그램을 서비스했을 때 교육을 받았던 사람들인데, 그 후 내가 제안한 개념을 수정하여 자신들만의 고유한 방법론으로 개발해왔다. 나는 이들의 활동을 지켜보면서 많은 것을 배웠다.

지난 몇 년은 개인과 조직에 관한 나의 변환 이론을 다시 생각해보는 시간이었다. 지금까지 나에게 가장 많은 영향을 준 사람은 내 아내이자 비즈니스 파트너인 수잔 미쉘 브리지스였다(단순히 그 존재만으로도 나에게는 큰 힘이 되었다). 아내는 실전에서 코칭이나 컨설팅이 어떤 역할을 하는지 알려주었고, 실제로도 내 인생의 중요한 전환점을 성공적으로 이끌어준 장본인이었다. 나는 아내가 나에게 해준 모든 것에 감사한다.

개인적인 지원뿐만 아니라 마음 놓고 일할 수 있는 근무 여건을 만들어준, 같은 사무실에 근무하는 비즈니스 매니저 보디 카펜터에게도 감사의 마음을 전한다. 그가 있었기에 오랜 시간 광범위하게 진행된 이 작업을 순조롭게 마칠 수 있었다. 특히 그때는 회사 운영에도 변화가 있던 시기였기 때문에 그녀의 도움이 많은 힘이 되었다(우리는 나름대로의 처방으로 조직의 변화를 꾀하고 있었다. 그 덕에 나도 다른 관점에서 조직 변환을 경험할 수 있었다).

짐 트루핀은 20년 이상 내 곁을 지켜준 친구이자 에이전트로서,

지금까지 출판된 책에서도 그랬던 것처럼 이 프로젝트를 완수하는 데도 큰 힘을 보태주었다.

이 책의 초판에서 나는 애디슨 웨슬리 출판사의 편집자에게 고마움을 표시한 적이 있었는데, 그 후 이 책의 판권은 페르세우스 출판사로 넘어가게 되었다(이 또한 수많은 '조직 변환' 중의 하나였다). 그 덕에 마니 코크란이란 새 편집자를 알게 되었는데, 그와 함께 일하는 것은 커다란 즐거움이었다.

여기 언급된 모든 사람들에게, 그리고 지난 세월 동안 우리 회사의 변환 관리 프로젝트에 도움을 준 수많은 지인들에게 감사의 마음을 전한다.

세계를 변화시킨 사람들은 관료의 경질이 아니라 대중을 고무시킴으로써 변화를 가져왔다.
— 나폴레옹 보나파르트

나는 대학에서 문학을 가르치는 일로 직장생활을 시작했다. 당시 스물다섯 살이었던 나는 선배 교수들이 이해하지 못한 부분들을 나만은 알고 있다고 생각했다. 그리고 실제로도 대학 정책 위원회에 소속되어 있었기 때문에 좋은 아이디어가 있으면 실행에 옮길 수도 있었다.

학생 신분을 벗어난 지 얼마 되지 않았던 나는 토요일날 수업을 들으러 학교에 나오는 것이 얼마나 괴로운 일인지 잘 알고 있었다. 당신도 나이가 좀 있는 사람이라면 60년대 대부분의 대학들이 수업 시간을 월-수-금이나 화-목-토로 운영했다는 사실을 기억할 것이다. 학생들은 화-목-토 시간표를 무척이나 싫어했고, 일부 학생들은 전공을 선택할 때 토요일 수업의 유무를 아주 중요하게 고려했다.

토요일 수업을 싫어하는 이유는 너무나 분명해서 오히려 그것을 모른다고 하는 사람이 더 바보같이 생각될 정도였다. 첫째, 많은 학생들이 될 수 있는 한 토요일 수업을 빼먹으려 했기 때문에 학기말이 되면 수업을 들은 학생과 그렇지 않은 학생 간에 학력 차이가 크게 벌어졌다. 둘째, 교수들도 토요일 수업을 싫어하기는 마찬가지였다. 셋째, 토요일 수업을 하게 되면 토요일에도 건물에 불을 켜고 난방을 해야 한다. 넷째, 단과대 학장도 토요일 수업을 없애기를 원했다. 그리고 마지막으로 일부 과목은 한 번에 두 시간씩 묶어서 하는 경우가 많아서 화요일 수업과 목요일 수업으로 얼마든지 토요일 수업을 옮길 수 있었다. 내가 판단한 정황은 이랬다.

그런데 대학 정책 위원회의 일부 나이 든 위원들은 토요일 수업을 없애는 방안을 반대하고 나섰다. 그들은 실제로 그런 변화를 원하는 학생들의 비율이 얼마나 되는지 알고 싶어했다('거의 모든 사람들'이란 말은 그들에게 먹혀들지 않았다). 그들은 자신들이 대학에 다닐 때는 토요일 수업을 듣는 것이 하나도 힘들지 않았다는 이야기를 장황하게 늘어놓을 뿐이었다('힘들지 않았다'고 하는 것은 정의하기 나름이지 않느냐고 옆에 앉은 젊은 교수가 내게 속삭였다).

내가 계속 반론을 펴려 하자, 어떤 노교수는 "일주일에 세 번 있는 수업을 두 시간으로 줄이면 강의 노트도 다시 써야 한다는 이야기인데"라며 발끈 화를 했다. 아직도 나는 대부분의 위원들이 그 발언에 고개를 끄덕이며 반대 의사를 표시했을 때 받았던 충격을 기억한다. 이런 교수들이야말로 말로는 학생들의 학업을 돕는다고 하지만, 실제로는 자기 잇속만 차리려고 하는 위선자들 아니겠는가. 아니면 누구도 말릴 수 없는 보수주의자들이어서 변화를 거부했단 뜻인가? 아니면 단순히 멍청한 탓?

이 사건은 내가 조직 변화에 대해 평생 동안 관심을 가지고 연구하게 된 직접적인 계기가 되었다. 나는 조직 변화가 실제로 왜 어려운지, 그리고 사람들이 왜 그러한 변화에 비논리적이며 비상식적인 태도를 보이는지에 대해 의문을 가졌다. 그 후 박사 학위를 받기 위해 다시 공부를 시작하면서, 나는 사회 변화와 관련된 내용을 논문 주제로 택했다. 그리고 40년이 지난 지금, 나는 조직의 변화 때문에 곤란을 겪고 있는 사람들을 돕는 컨설턴트로 활동하고 있다.

수업시간을 변경하는 문제로 옥신각신했던 경험을 돌이켜보면, 반대했던 교수들이 지금 내가 컨설팅을 해주고 있는 관리자나 임원들보다, 혹은 나보다 더 보수적이고 고리타분한 사람들이어서 그랬던 것은 아니었던 것 같다. 그들은 그저 지금 내가 상대하고 있는 관리자나 임원들, 꼭 그만큼 보수적인 사람들이었다. 단과대 학장은 전기세와 난방비를 걱정했던 것이고, 학생들은 토요일을 온전히 돌려받기를 원했던 것이다. 그리고 나는 선배 교수들에게 그들의 생각이 틀렸다는 것을 보여주기 위해 노력했던 것이다. 우리는 모두 자신의 세계와 정체성, 의미를 보전하기 위해 안간힘을 썼던 것이다. 그 사건으로 인해 나는 변화로 야기되는 위협은 해결하지 않고 무조건 사람들의 저항감을 누그러뜨리려고 하는 것이 얼마나 헛된 짓인지를 배울 수 있었다.

오늘날 변화를 둘러싼 이러한 반응들은 더욱더 심각한 문제를 유발시키고 있다. 변화의 속도나 강도가 점점 더 강해지고 난 후로, 사람들이 변화에 편안하게 적응할 수 있는 시간은 점점 더 줄어들고 있다. 또한 오늘날만큼 변화가 중요하게 취급된 적은 없었던 것 같다. 업계 통합은 가속화되고 거기에 동참하지 못하면 낙오자가 된다. 테크놀로지는 비즈니스 방식을 변화시키고, 과거의 방식에 집착하는 조직은 금방 뒤처지고 만다. 경쟁 업체들은 구조조정을 하고, 살집을 줄이며, 아웃소싱을 하고, 제품의 시장 출하시간을 단축한다.

오늘날의 변화들은 조직의 구성원들이 모두 그 변화에 편안히 안착할 수 있을 때까지 기다려주지 않는다. 과거에는 변화에 적응하고 새로운 방식을 체화할 때까지 어느 정도 시간적 여유를 갖는 것이 가능했지만, 이제는 아이디어의 출현부터 실행에 이르기까지 한 치의 오차도 허락되지 않는다. 오늘날의 변화는 게임과 같아서 재빨리 변화하지 못하는 조직은 장시간 버틸 수가 없다.

그렇다면 어떻게 행동해야 하는가? 당신은 변화에 관심을 보이는 사람들을 붙잡고 '변화의 필요성'에 대한 주장을 반복해왔다. 그러면서도 다른 한편으로는 상사의 말에 복종하기만 하면 만사가 일사천리로 풀려 나가던 과거를 그리워하고 있었을는지도 모른다. 하지만 생각해보면 그때 사람들이 보여주던 반응은 단순한 순응이었다. 하지만 현대 조직의 구성원들은 단순히 명령에 복종하는 것 이상의 무언가가 필요하다는 사실을 잊어서는 안 된다. 이제부터는 스스로 생각하고, 상사의 감시 없이도 제 의무를 다하며, 창의적이고, 고객 만족을 위해 최선을 다하는 태도를 함양해야 한다. 과거의 변화는 몸으로 적당히 때울 수 있는 그러한 변화였는지 모르겠지만, 지금은 다르다. 지금의 변화는 몸뿐 아니라 정신과 마음 모두를 바쳐야 할 변화다.

이런 말을 해서 괜히 책을 읽고 싶은 마음만 앗아갈지도 모른다는 생각이 든다. 어쩌면 변화 관리 자체가 불가능하다는 인식을 심어주고 있을지도 모른다. 어쩌면 당신은 사람을 관리하는 일이 적성에 맞지 않을 수도 있다. 일반 사무나 테크놀로지 업무가 더 적성에 맞을 수도 있다. 심리 상담자가 되는 데 필요한 기술이나 훈련을 받은 적도 없고, 사람들의 사생활에 끼어들고 싶지 않을 수도 있다. 그저 원하는 결과를 얻으면 그만일 뿐.

나도 이 점에 있어서는 동감한다. 하지만 나는 당신과 같은 입장에서 25년 이상 사람들을 상대하면서 두 가지 사실을 확신하게 되었다.

첫째는 최소한도지만 '사람들의 사생활'에 끼어들지 않고서는 당신이 원하는 결과를 얻을 수 없다는 것이다. 앞으로 자세히 살펴보게 되겠지만, 당신이 원하는 결과는 사람들이 과거의 방식을 버리고 새로운 방식을 선택할 수 있을 때에만 얻어질 수 있는 것이다. 그런데 사람들의 작업 방식은 개인적인 문제들과 밀접한 관련을 가지기 때문에 이 문제를 해결하지 않고서는 도저히 방법이 없다.

둘째, 변환 중에 있는 사람들을 효율적으로 관리하기 위해서 심리학 학위가 있어야 하는 것은 아니라는 점이다. 당신은 이미 매사에 심리학을 활용하고 있다. 어떤 대상의 동기를 파악할 때, 설명을 통해 상대의 동의를 구할 때, 어려운 상황에 닥쳐서 그 해결 방안을 모색할 때 등. 변환 관리에 필요한 능력은 당신이 이미 가지고 있는 것이거나 앞으로 쉽게 배울 수 있는 것이다. 그것은 당신이 되었든 상대가 되었든, 그 누구의 사생활도 침해할 필요가 없다. 그저 사람들이 변화에 편안하게 적응할 수 있도록 도와주는 일일 뿐이다.

물론 당신의 염려를 전혀 모르는 것은 아니다(나 또한 변화 관리가 내 전문 분야가 아니었다). 하지간 당신이 걱정하는 부분들은 현실에서 전혀 문제가 되지 않는다는 사실을 조만간 알게 될 것이다. 나는 변화 관리가 쉽다고 말하기보다는 당신에게도 그런 능력이 있다는 사실을 깨닫게 해주고 싶다. 게다가 그 이외의 선택은 있는 것 같지도 않다. 어디서부터 시작해야 할지 모르는 사람에게 이 책이 도움이 될 것이다.

1부

문제점

Part ONE

The Problem

1장

문제는 변화가 아니다

지도자에게 가장 끔찍스러운 순간은 고개를 돌려 뒤를 보았을 때, 자신을 따르는 이가 아무도 없을 때이다.
__ 프랭클린 딜라노 루즈벨트, 전 미 대통령

모든 기업은 현재 하고 있는 일을 그만둘 준비를 해야만 한다.
__ 피터 드러커, 저명한 경영학 저자

당신을 힘들게 만드는 것은 '변화'가 아니라 '변환'이다. 이 둘은 서로 다른 개념이다. 변화는 상황적인 것이다. 예컨대 공장 부지의 이전, 창립자의 은퇴, 팀원들의 역할 개편, 연금 플랜의 수정 등. 반면에 변환은 심리적인 것이다. 변화에 의해 동반되는 낯선 상황을 내면화하고 적응하는 것으로서 사람들은 3단계 변환 프로세스를 거치게 된다.

변화에 대한 기획 문서에서 변환에 대한 부분을 따로 발견할 수는 없을지 몰라도, 변환은 시간이 나면 한번 찾아볼 수도 있는 그런 추가조항이 아니다. 다시 말해, 문제가 해결되고 중요한 일이 다 마무리될 때까지 보류해둘 수 있는, 있으면 좋고 없어도 아쉬울 것 없는 그런 내용이 아니라는 뜻이다. 계획한 대로 변화를 추진하려면 변환 과정을 슬기롭게 헤쳐 나가는 것이 필수적이다. 변환 과정이 빠진 변화를 유도한다는 것은 단지 의자의 배열만 바꾸어놓는 것과 같다. '뭔가 바뀐 것 같기는 한데, 달라진 것은 하나도 없는 것 같아'라고 말하게 하는 상황은 모두 이러한 착오에서 비롯된 것이다. 변환 과정을 제대로 소화하지 못하면 많은 비용을 들이고도 좋은 결과를 얻을 수 없다. 조직에서 변환 과정을 제대로 소화하는 것은 원하는 결과를 얻는 것만큼이나 중요하다. 이 일의 중요성은 말로 다 설명할 수 없다.

예를 하나 들어보자. 이탈리아에 본사를 두고 있는 세계적인 의류업체 베네통은 1999년 회사의 발전을 위해 사업 다각화 계획을 세웠다. 회사 측은 세계 수준의 스포츠용품 생산업체들을 매입하기로 했다(스키부츠의 노르디카, 후에 노르디카에 흡수된 스키용품 전문 브랜드 캐슬, 인라인스케이트의 롤러블레이드, 테니스라켓의 프린스, 스노보드의 킬러 루프). 이 회사들을 베네통에 끌어들이면, 그 회사의 고객이었던 사람들은 자연스레 베네통의 옷을 구입하게 될 것이라는 계산에서였다.

이 아이디어는 기가 막히게 훌륭해 보였고, 베네통은 매입비용으로 거의 10억 달러에 달하는 거금을 지출하였다. 그리고 베네통이라는 세계적인 브랜드의 일원이 되는 것을 모든 사람들이 다 반길 거라는 기대와 함께, 대기업들이 흔히 밟아가는 수순을 그대로 밟아 나갔다. 베네통은 기업의 인수 합병 스토리에서 언제나 빠지지 않고 등장하는 효과들, 즉 시너지 효과나 규모의 경제 효과를 내심 기대하면서 매입한 회사를 모회사에 편입시켜 나갔다. 처음에는 영업부와 마케팅부를 통합하는 것으로 시작해서, 나중에는 보다 큰 결속을 위해 베네통 스포츠 사업부를 아예 뉴저지 보던 타운의 새로 지은 사옥으로 이주시켰다.

기업 인수 후 모든 일이 순조롭게 풀려가리라 기대했지만 현실은 그렇지 않았다. 어떻게 해서든 위기를 극복하고 싶었던 베네통의 한 임원은 "사람들이 이 일을 계속하는 이유는 그 활동 때문입니다. 만일 그 부분을 없애버린다면, 내부적으로나 외부적으로 큰 손실이 될 것입니다"라고 말했다. 그렇다면 그 활동은 무엇일까? 롤러블레이드의 직원들은 점심시간을 미니에 폴리스의 아름다운 호숫가에서 스케이트를 타거나 본사 건물 옆에서 하키 경기를 하면서 보냈다. 그런데 베네통은 이런 사실이 무엇을 의미하는지에 대해 생각해본 적도 없었다. 또한 롤러블레이드 직원의 4분의 3 이상을 해고한 것이 어떤 영향을 미쳤는지에 대해서도 전혀 고려하지 않았다.

기업 인수로 인한 부작용을 줄여보고 싶었던 그 임원은 21명의 생존자들을 뉴저지로 파견하였다. 그들은 큰 폭의 임금 인상, 승진, 1년 안에 다시 미네소타로 돌아올 경우 2년 분량에 해당하는 고용 해제 위로금을 지급하겠다는 약속을 받았다. 뉴저지에 도착한 사람들은 자신들이 노르디카의 책임자였던 관리자를 상사로 모셔야 한다는 사실을 알게 되었다(그래도 프린스 사의 직원들보다는 형편이 나은 셈이었다. 프린스의 직원들은 모두 해고되었다). 모든 것을 정당화시킬 수 있을 정도로 막강한 파워를 자랑하던 이 프로젝트의 결말은 결국 비극으로 끝이 났다. 이 일이 일어나던 그해 연간 500만 달러의 흑자를 기록하던 베네통은 총 3,100만 달러의 손실을 냈다. 그리고 롤러블레이드의 21명의 생존자들 중 20명이 회사의 제안을 받아들여, 1만 개의 호수가 있는 미네소타 주로 다시 돌아갔다.

변환 관리를 잘못했다고 해서 모두 부정적인 결과가 나오는 것은 아니지만, 베네통의 경우에는 부정적인 요소들이 모두 빠짐없이 나타난 경우에 해당된다. 변환 관리에는 금전적인 거래를 성사시키는 문제만을 상정해서는 안 된다. 다음의 세 가지 프로세스를 순조롭게 이행해가도록 도와주는 내용이 반드시 포함되어야 한다.

첫째, 기존의 방식과 과거의 정체성에서 벗어나도록 하는 것. 이 과정은 변환의 첫 번째 단계로서 끝냄의 단계이다. 이 기간에는 상실감을 극복할 수 있도록 도와야 한다.

둘째, 기존의 방식은 완전히 사라졌지만, 그렇다고 해서 새로운 것이 완전히 도래하지도 않은 과도기적 상태를 지나가는 단계. 우리는 이 시기를 '중립지대'라고 부르는데, 정신과 심리 상태의 변화가 이루어지는 중요한 시기이다.

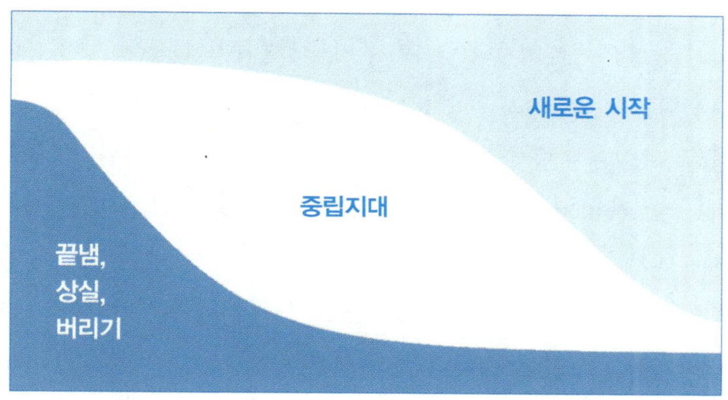

그림 1.1 변환의 3단계

셋째, 변환의 과정을 끝내고 새로운 시작을 하는 단계. 이때 사람들은 새로운 정체성을 개발하고, 새로운 에너지를 경험하며, 성공적인 변화를 위한 목적의식을 함양하게 된다.

변환은 본질적으로 구세계에서 벗어나서 신세계에 새로운 뿌리를 내리는 과정이기 때문에, '끝냄'을 시작으로 해서 '새로운 시작'으로 마무리된다.

스포츠용품 분야로 사업을 확장하려 했던 베네통의 노력은 결국 엄청난 실패로 돌아갔다. 그 이유는 스태프들을 통합하고 사옥을 이주하려는 변화를 시도하는 과정에서 변환을 도외시했기 때문이다. 베네통은 끝냄의 과정을 성공시키지 못했다. 그런데도 변화를 계획했던 사람들은 그 점을 인정하려 들지 않았다. 직원들은 심리적인 상실감을 겪었지만(좋아하는 지역에서 좋아하는 취미생활을 할 수 있다는 것에서 시작된 애사심, 관심사를 공유하는 사람들과 최신 유행하는 스포츠를 맘껏 즐길 수 있다는 것에서 비롯된 단결력), 회사 측에서는 그것마저도 돈으로 해결하려 들었다. 또한 중립지대를 순조롭게 빠져나가기 위해서는 회사의 지원이 필수적인데도, 회사는 지원은커녕 그 사실조차 부인하려 했다. 회사 측에서는 새로운 시작에만 관심을 두었고, 그나마 그 관심이란 것도 새로운 직함을 나눠주고 높은 성과 목표를 설정하는 것이 고작이었다.

어떤 종류의 변화든지 그 성패 여부는 종국엔 변화에 의해 영향을 받게 될 사람들의 진정한 변화 여부에 달려 있다(기술적·경제적 면에서 정당화될 수 있는지의 여부와는 상관없다). 과연 직원들이 기존의 방식에서 벗어나서 이것도 저것도 아닌 힘든 시기를 거쳐, 새로운 것을 시도할 수 있을까? 사람들이 이 세 가지 단계를 슬기롭게 극복할 수 있도록 지원할 수 없는 훈련 프로그램이라면 제아무리 훌륭한 프로그램이라 하더라도 종국에는 실패할 수밖에 없다. 리더들은 흔히 끝냄과 중립지대의 존재를 망각한다. 오직 변환의 맨 마지막 단계에서만 출발하려고 한다. 그렇기 때문에 자신들의 실수를 보지 못하는 것 아니겠는가.

1980년대 후반, 미국의 모 보험회사에서 비용 절감 아이디어를 실행에 옮기는 프로그램을 운영한 적이 있었다. 프로그램 운영에 얼마 정도의 비용이 들어갔는지는 자세히 모르지만, 485개나 되는 팀의 활동과 결과를 취합하려면 분명 적지 않은 돈이 들어갔을 것이다. 그 프로그램의 책임자였던 관리자는 이렇게 말했다. "지금까지 제기된 아이디어 중 가장 창의적인 이 아이디어를 실행에 옮기게 된다면, 연간 4만 달러의 비용을 절감할 수 있을 것입니다. 물론 우리 프로그램의 취지에도 가장 잘 들어맞는 아이디어입니다. 팩스를 보낼 때 측면으로 종이를 투입한다면, 전송시간을 15% 정도 줄일 수 있을 것입니다. 그런데 그렇게 되려면 사람들의 행동이 바뀌어야 하는데, 그런 점에서 실행에 옮기는 것은 어려울 것 같습니다." 그는 이런 말을 해놓고도 자신이 얼마나 모순적인 말을 하는지 깨닫지 못했다.

> 질병은 언제나 변화에 노출된 사람을 공격한다.
> *— 헤로도토스, 그리스 역사가(B. C 5세기)*

그런 아이디어라면 당장 집어치워라! 행동 변화가 요구되지 않는 아이디어를 한번 찾아보자. 의미 있는 아이디어라면 당연히 행동 변화가 수반되어야 하는 것 아니겠는가. 합병, 구조조정, 새로운 전략의 수립 등에 필요한 행동 변화에 비하면, 팩스에 종이를 넣을 때 종이를 90도 정도 돌리는 거야 사실 아무것도 아닌 변화이다. 합병이나 구조조정, 전략 수립과 같은 변화는 그 이면에 수천 개의 작은 변화들을 동반한다. 이 변화를 통해서 사람들은 과거의 행동 방식을 버리고(그 방식을 통해 사람들은 보상을 받고, 일을 제대로 처리할 수 있다는 것에서 만족감을 얻으며, 성공적인 결과를 얻어낸다), 새롭고 익숙하지 않은 방식들을 습득해 나가야 한다.

내가 처음 변환 관리 프로젝트를 시행했을 때도 이런 일이 있었다. 그 프로젝트의 주 과제는 공장 내부에 자율 경영 팀을 만드는 것이었다. 회사에서는 자율 경영 팀의 운영 원리에 관한 강좌를 만들어 감독진을 교육했다. 그런데 문제가 한 가지 있었다. 자율 경영 팀을 위해서는 '감독'이 아닌 '퍼실리테이팅'에 능한 감독자가 필요한데, 강의 내용에는 그 부분에 대한 설명이 빠져 있었다. 수업이 끝날 무렵, 강사가 강의를 들은 감독자들에게 질문이 있냐고 물었다. 그러자 머리가 희끗희끗한 어느 나이 든 감독자가 볼멘소리로 물었다. "다 좋은데, 내 옆에 와서 다시 한 번 '퍼실테이팅'이 뭐 하는 것인지에 대해 설명해줄 수 있겠소?" 감독자가 명령을 내리고 그 명령을 수행하지 않는 직원은 벌을 주어 마땅하다는 생각에 익숙해져 있던 그 감독자는 '퍼실리테이팅'이란 단어의 뜻을 정확히 이해할 수 없었기에, 결국은 혀가 미끄러지고 말았던 것이다.

변화와 변환 간의 차이점이 간과되는 경우는 두 가지이다. 하나는 변환을 단순히 점진적 혹은 끝나지 않은 변화라고 생각할 때, 그리고 다른 하나는 변화와 변환을 혼동했을 때이다. 변화를 경험하게 될 때에는, 자연스럽게 그 초점이 변화로 인해 야기되는 결과에 맞춰지게 된다. 캘리포니아에서 뉴욕으로 이사를 간다고 했을 때, 변화란 대륙을 건너고 빅애플(뉴욕 시의 별명)이란 도시에 대해 알아가는 것이 된다. 조직의 서비스 문화를 바꾸거나 영업 조직을 지역 중심의 구도로 재편하는 등의 변화도 다르지 않다. 이 경우에도 변화에 의해 영향을 받는 사람들은 바뀐 상황과 변화로 인해 어떤 영향을 받을지에 대해 이해하고 있어야 한다.

그러나 변환은 다르다. 변환의 출발점은 결과가 아니라 과거의 상황을 벗어나는 것, 즉 끝냄이다. 상황적인 변화는 새로운 것에 그 중요성이 부가된다. 하지만 심리적인 변환은 변화가 일어나기 전, 과거에 형성된 정체성을 버리는 것을 더 우선시한다. 하지만 대부분의 조직은 이 버림의 과정을 도외시하고, 버림에 의해 발생되는 상실감에 대해서도 대책을 강구하지 않는다. 하지만 버림의 결과를 무시하는 조직은 변환에 실패할 것이고, 결국에는 변화에도 실패하게 될 것이 자명하다. 잘 관리되지 못한 변환은 결국 변화도 실패로 만든다.

변환은 끝냄으로 시작된다. 모순적인 것 같지만, 사실이 그렇다. 당신 인생에서의 큰 변화들을 한번 생각해보라. 관리직으로의 승진, 처음 산 집으로의 이사, 첫 아이의 출산 등 모두 다 좋은 변화인데, 결국에는 변환으로서 끝냄과 버림으로 시작되고 있다. 직장에서 승진을 한 경우, 당신은 과거에 같이 일하던 동료들과 헤어져야할지도 모른다. 그들은 이제 더 이상 당신의 동료가 아니다. 동료들은 당신과 당신의 동료들이 했던 일을 계속하겠지만, 당신은 이제 동료들을 관리하는 위치에 있기 때문에 더 이상 그 일을 할 수 없다. 심지어는 그 일을 하면서 느꼈던 자부심마저 포기해야 할지도 모른다. 또한 관리직이란 24시간을 온전히 일에 바쳐야 하는 자리이기 때문에, 퇴근시간을 칼같이 지키던 습관을 포기해야 할지도 모른다.

아이를 낳게 되면, 규칙적인 수면, 여윳돈, 배우자와의 단란한 시간, 혼자만의 사색 등을 포기해야 한다. 배우자와 함께 돌발적으로 어디론가 떠날 것을 결정하고 그것을 실행에 옮기던 즐거움을 잃어버리게 될지도 모른다. 또한 밥을 먹으려 하지 않거나 울음을 그치지 않고 떼를 쓰는 아이를 수수방관하고 있어야 할 때에는 스스로 무능력한 존재라고 생각하게 될지도 모른다. 사실 그런 때보다 자신이 더 무능하게 느껴지는 때도 없을 것이다.

이사를 갈 경우도 그렇다. 이사를 가면, 전에 만들었던 인간관계의 모든 네트워크가 종결된다. 예전 동네에 살던 사람들과 계속 연락을 한다고 하더라도 예전 같을 수는 없다. 옛날에 살던 동네에서는 상점이나 병원, 치과는 눈 감고도 찾아갈 수 있었고, 집을 비우면 누가 우리 집을 봐줄 것인지 훤히 알 수 있었다. 그러나 이사를 가게 되면 당분간 이러한 안락함은 포기해야 한다.

아무리 바람직한 변화라고 해도, 그 변화에는 끝냄으로 시작하는 변환이 있고, 끝냄의 단계에서는 소중한 그 무엇을 버리거나 포기해야 한다. 내가 이런 말을 하는 것은 현실을 있는 그대로 알려주려 함이지, 결코 비관적인 생각을 주입하거나 미리 겁을 주려는 것이 아니다. 변환을 경험하는 사람이 겪을 수 있는 가장 큰 어려움은 끝 냄과 상실에 대한 무지와 준비없음에서 비롯된다. 그렇기에 끝냄이 나 상실에 대한 지원을 제공하지 않는 것만큼 변환 중에 있는 조직 에게 위협적인 것은 없다.

조직에서는 품질 개선 프로그램을 시행에 옮긴다. 하지만 얼마나 많은 사람들이 과거의 역할을 포기하는 것에서 상실감을 느껴야 하 는지 고민하는 사람은 없다(내가 아는 어떤 조직은 생산 라인에서 불 량품을 골라내는 방식으로 품질 관리를 하고 있었고, 직원들은 그 점을 대단히 자랑스러워했다. 그런데 통계 방식으로 불량품을 관리하게 되 자, 당장 직원들의 불만이 터져 나왔다. "제기랄, 이제 그 일을 못 할 사 람이 없겠네. 더 이상 기술이 필요 없잖아!"). 다른 예로, 본부 건물로 신축하게 된 기업을 생각해보자. 그런 경우에도 많은 사람들이 새 본부 건물을 볼 때마다 낡았지만 자부심과 긍지를 가질 수 있도록 해주었던 과거의 건물을 떠올리며 아쉬움을 달랠 것이란 사실을 예측하는 사람은 아무도 없을 것이다(14개나 되는 작은 건물에 세를 들어 살았지만, 그래도 그 건물에서 보잘것없던 회사를 10억 달러 규모의 대기업으로 키워냈다).

변환이 소중하게 생각하는 것 일부를 포기하는 것에서부터 시작한다는 사실을 이해했다면, 일단 첫걸음은 제대로 내딛은 셈이다. 두 번째 단계는 포기 과정 다음에 오는 과정인 중립지대를 이해하는 것이다. 중립지대는 과거와 현재 간에 존재하는 공간으로 심리적인 무인지대에 해당한다. 또한 과거의 정체성과 현재의 정체성 간의 혼돈을 경험하는 시기로서, 천당과 지옥 사이에 존재하는 연옥과 같은 곳이기도 하다. 과거의 방식은 완전히 자취를 감췄지만, 그렇다고 해서 새로운 방식을 편안히 받아들이기에는 아직 힘든 시기가 바로 이 시기이다.

새 집으로의 이사, 승진, 아이의 출생과 같은 변화들은 매우 빠른 속도로 진행된다. 그러나 그것은 단지 외적이고 상황적인 변화에 불과하다. 내부의 심리적인 변화는 매우 느리게 진행된다. 빠르게 전개되는 외적인 변화만큼이나 내적인 변화도 그렇게 진행되면 좋겠지만, 현실은 그렇지 않다. 내적인 변화를 경험하는 사람들은 이것도 저것도 아닌 상태에서 어려움을 겪게 된다. 이것은 일종의 감정적인 황무지 상태로서 자신이 누구인지, 어떤 것이 진짜 현실인지에 대한 명확한 인식이 어려워진다.

중립지대의 특징을 이해하고 의연히 대처하는 것은 몇 가지 이유에서 매우 중요하다. 첫째, 중립지대를 제대로 이해하고 미리 대처하지 않으면, 조급증이 발동하거나 아예 무시하려는 경향이 생겨날 수 있다(그러고선 결과가 좋지 않으면 크게 낙담할 것이다). 또한 중립지대의 혼돈을 어떤 문제가 생겨서 일어난 일이라고 오인할 수도 있다.

둘째, 공포감을 느끼고 달아나려 하게 된다(조직원들에게 흔히 나타나는 현상이다. 전 조직적인 변화가 있을 때 인사 이동이 잦아지는 것도 이런 이유에서이다). 하지만 이 상황을 피해 달아나는 것은 개인적 차원이나 조직적 차원에서 변환을 포기하는 것이나 다름없다. 그렇게 되면 결국 변화 자체가 위태롭게 된다.

생각을 바꿔야 할지 아니면 그냥 밀고 나갈지를 결정해야 하는 순간에 직면하면, 대부분의 사람들은 증거를 모으는 데만 열중한다.
— 존 케네스 갈브레이, 미국 경제학자

셋째, 조급증이 생기면 적당한 선에서 변화를 추진하거나 좋은 기회를 놓쳐버릴 가능성이 커진다. 중립지대가 고통스러운 것이기는 해도, 개인이나 조직의 관점에서 볼 때 창의성 증대나 자기 계발 관점에서 이보다 더 좋은 기회는 없다. 중립지대의 긍정적인 기능은 이 장의 뒷부분에서 다시 한 번 논의하기로 하고, 여기서는 간단히 과거와 현재 사이의 틈인 중간지대가 혁신의 가능성과 조직의 재탄생을 가장 적극적으로 활성화할 수 있는 최적의 시기라는 점만을 지적하고 넘어가고자 한다.

그런 의미에서 중립지대는 위험과 기회 모두를 내포한 시기로서, 변환 프로세스의 핵심에 해당한다. 이 시기에 조직과 개인은 자신의 존재 양식을 바꾼다. 오래되고 현실에 맞지 않는 습관을 보다 현실적이고 바람직한 습관으로 대체한다. 식물은 모든 것이 새롭게 탄생되는 봄을 위해 추운 겨울 동안 봄을 준비한다. 계절로 따지자면, 중립지대가 바로 이 겨울에 해당한다. 또한 하루 일과로 치자면, 어제의 근심을 털어버리고 희망찬 내일을 준비하는 밤과 같은 시간이다. 중립지대는 혼돈의 시기로서 과거는 해체되고 새로운 현재와 미래가 탄생한다. 당신은 이곳에 당신이 원하는 미래의 싹을 뿌릴 수 있다.

끝냄-중립지대-새로운 시작. 우리에게는 이 세 가지 단계가 모두 필요하다. 더구나 변환이 효과적으로 이루어지기 위해서는 반드시 순서대로 진행되어야 한다. 하지만 이 단계는 독립적으로 발생하는 것이 아니라 동시 다발적으로 발생한다. 끝냄이 진행 중인 곳이 있으면, 다른 곳에서는 중립지대가 진행 중이고, 또 다른 곳에서는 새로운 시작이 가시화된다. 이 과정을 '단계'라고 칭했기 때문에 마치 한 집에 여러 개의 방이 한 줄로 늘어선 것을 연상할 수도 있겠다. 그런 의미에서 본다면, 프로세스라고 하는 것이 더 정확한 표현이 될 것이다. 변환은 이 세 가지 프로세스를 거쳐야 비로소 완료될 수 있다.

포기(버리기), 재배치, 새로운 출발. 변화가 진행 중일 때 발생하는 이 세 가지 프로세스는 사람들을 변모시키고, 사고의 방향을 전환시킨다. 우리에게는 표층뿐만 아니라 그 기저에까지 변화를 몰고 올 수 있는 변환, 즉 사람들의 노동 방식에 실질적인 변화를 가져올 수 있는 그런 변환이 필요하다. 그런 변환이 아니라면, 정작 먼지와 소음이 가라앉고 나면 아무것도 남아 있지 않을 것이다. 그러나 대부분의 조직은 변화를 원한다는 소문을 동네방네 떠들고 다니면서도, 끝냄에 관심을 기울이지 않고 중립지대를 인정하지 않으며(심지어는 회피하려고까지 한다) 새로운 시작을 하는 사람들에게 아무런 지원도 하지 않는다. 그러고선 왜 사람들이 변화를 그토록 어렵게만 생각하는지 의아해한다.

물론 나는 조직을 주어로 이야기하고 있지만, 여기서 언급하는 조직이란 바로 사람이다. 오직 사람만이 변환이 있어야만 효과적인 변화가 있을 수 있다는 사실을 인식할 수 있다. 오직 사람만이 변환을 관리하고, 그럼으로써 원하는 변화의 결과를 얻어낼 수 있다. 오직 사람만이 변화를 직접 체화하고, 그것을 통해 한 단계 높이 도약할 수 있는 그런 변화를 유도해낼 수 있다.

새로운 치료법을 적용하려 하지 않는 자는 새로운 악의 출현을 피할 수 없다.
—프란시스 베이컨, 영국 철학자

다음 장에서는 이러한 일이 어떻게 가능한지에 대해 알아보자.

2장

시험 사례

인간의 사고는 일반론적이지만, 삶은 구체적인 것이다.
— 알프레드 노스 화이트헤드, 영국 철학자

1장은 다분히 이론적이었다.
기본적인 변환 모델에 대한 이해가 없으면 활용도 불가능하다. 실전으로 겪어야 확실히 알 수 있기는 하지만, 이해를 돕기 위해 내가 한 소프트웨어회사에서 경험한 상황을 소개하기로 한다. 내가 그 회사에 간 것은 서비스 담당 책임자의 요청이 있었기 때문이었다. 그의 스태프들은 그가 생각하는 것만큼 일이 쉽게 해결되지는 않을 것이라고 이구동성으로 주장하고 있었다.

그는 왜 일이 그렇게 꼬이게 되었는지 알 수 없다고 토로했다. 변화는 완벽했고, 은행을 상대로 한 비즈니스 소프트웨어 분야에서 꾸준하게 선두를 지켜온 회사의 입장에서도 반드시 필요한 조치였다는 것이었다. 그는 말했다. "게다가 이 일로 사람을 해고하거나 하는 일은 없을 건데요."

　1장에서 읽은 내용을 기억하면서, 당신의 생각을 정리해보자.

　그 회사의 서비스 사업부는 대부분의 업무를 전화상으로 처리하고 있었다. 기술자들은 각자의 방을 따로 갖고 있었고, 그 안에서 고객의 전화를 상대했다. 기업의 문화는 매우 개인주의적이었다. 직원들은 '개인 기여자'로 치부되었고, 개인의 평가는 주당(週當) 처리한 전화 상담 건수로 이루어졌다. 새해가 시작되면, 직원들은 각자의 능력에 맞춘 커리어 평가 계획서를 제출해야 했다(전년도 주별 전화 상담 건수의 총계보다 좀더 높게 책정된다). 목표치를 달성하면 보너스가 나왔고, 그렇지 못하면 보너스를 받지 못했다.

　이 회사의 소프트웨어를 구입한 고객들은 전화로 소프트웨어 운영상의 여러 가지 문제점을 상담해왔다. 고객의 전화는 세 가지 단계를 거쳐 처리되었다. 우선 걸려온 전화는 기본적인 질문에 응답할 수 있는, 비교적 경험이 적은 상담원에게로 넘겨졌다. 그들은 자신들이 처리할 수 있는 것만을 처리했다. 첫 번째 상담원에게 다소 어려운 문제들은 다음 단계의 상담원에게 넘겨졌다. 두 번째 단계의 상담원은 첫 번째 단계의 상담원보다는 교육이나 경험 면에서 풍부했기 때문에, 대부분의 문제들을 해결할 수 있었다. 그리고 여기서도 해결되지 않는 문제는 다시 세 번째 단계의 상담원에게 넘겨졌다. 이 '세 번째 단계의 기술자'들은 하나부터 열까지 시스템에 대해 속속들이 알고 있는 프로그래머들이었기 때문에, 필요한 경우 소프트웨어 자체를 재프로그래밍하는 방법에 대해서까지도 일러줄 수 있었다.

각각의 단계는 모두 기술 수준에 입각하여 나누어진 것이었고, 각 단계마다 직원을 관리하는 관리자도 따로 있었다. 책임자는 작업량을 관리하고 개인 기여자들의 성과를 평가하는 일을 맡았다. 그런데 각 단계의 상담원들은 각기 자신들의 업무가 중심축이며, 다른 사람들은 제 역할을 다하지 못한다고 생각했다. 이 세 단위 간에 반목과 불신이 형성된 것은 그리 놀랄 일도 아니었다.

어느 정도 짐작은 했겠지만, 이 시스템은 내재적으로 몇 가지 문제점을 안고 있었다. 첫째, 고객은 자신이 요청하지 않는 이상 동일한 사람에게 두 번 연거푸 상담을 받을 수 없다. 더구나 각 단계 사이에는 업무 협조가 전혀 이루어지지 않았다. 1단계에 속하는 기술자는 자신이 어떤 상담원에게 고객을 연결시켜주는지를 몰랐다(혹은 다음 단계로 고객을 연결해주고도 다음 단계의 상담원이 그 고객을 잘 넘겨받았는지를 확인할 방도가 없었다). 고객들은 적절한 도움을 받기는커녕 잘 알지도 못하는 상담원 사이를 이리저리 옮겨 다녀야 하는 상황 때문에 화가 났다.

관리자들은 무슨 일이 있어도 자기 영역은 확실히 지켜야 한다는 생각이 있었기에, 업무 공조의 개선이란 생각할 수조차 없었다. 때로는 순전히 관리자의 자의적인 판단 하에 '2단계 기술자'들의 업무가 너무 많아 하루 동안(어떤 때는 일주일) 업무를 보류한다는 통보를 일방적으로 해오는 경우도 있었다(하지만 각 팀은 각자 다른 상담 부스를 사용하고 있었기 때문에 실제 상황을 확인하기는 어려웠다). 그 사이에서 힘들어지는 것은 고객들이었다. 고객들은 상담자가 바뀔 때마다, 처음 상담자를 만났을 때처럼 처음부터 모든 설명을 다시 해야 했다.

고객이 제대로 된 상담을 받지 못하고 이리저리 끌려 다니는 것이 가장 주된 문제이기는 했지만, 문제는 그것뿐만이 아니었다. 처음부터 제대로 된 상담원에게 연결되어야 하는데도 불구하고 가끔씩 엉뚱한 상담원에게 의뢰가 넘어가는 일이 발생했다. 형편없는 서비스였지만 경쟁자가 없을 때는 큰 문제가 되지 않았다. 하지만 그해 타 회사에서 우수 상품을 선보이자, 서비스 질이 문제가 되기 시작했다.

서비스 사업부 부장은 서비스 컨설턴트에게 도움을 청했다. 상황을 전부 조사한 컨설턴트는 서비스 사업부를 팀 단위로 운영하는 방안을 제안했다. 서비스 단위를 세 단계로 나누지 말고, 상담원들을 골고루 섞어서 팀을 만들자는 것이었다(1장에서 나는 이러한 구조조정을 변화라고 언급했다). 상담을 원하는 고객은 팀에 배치되고, 팀은 공동 책임으로 고객의 문제를 해결한다는 것이 그 내용이었다. 각각의 팀에는 코디네이터가 있어서 고객이 팀의 자원을 적절히 이용할 수 있도록 고객을 안내한다. 이러한 변화를 통해 문제점을 해결해야 한다는 사실에 이의를 제기하는 사람은 단 한 명도 없었다.

전 상담원들이 모두 모인 가운데 변화에 대한 설명회가 열렸다. 커다란 조직도와 팀 다이어그램이 벽에 걸렸다. 정책 매뉴얼을 다시 쓰고, 팀 코디네이터들은 2주간의 교육을 받았다(일부는 전 관리자들이 그대로 위임되고 일부는 프로그래머들로 채워졌다). 구조조정이 발표되던 날, 부장은 각 팀을 만나서 이 변화가 대단히 중요한 일이며, 변화가 성공하기 위해서 그들의 역할이 얼마나 중요한지 설명했다.

조직 개편에 문제가 없었던 것은 아니지만, 변화에는 의례 문제가 따라다니는 법이기 때문에 그 점에 대해 크게 걱정하는 사람은 아무도 없었다. 하지만 한 달여 정도가 지나자 새로운 시스템이 효과가 없을 뿐만 아니라 서류상으로만 존재하는 가공의 시스템임을 증명하는 사건들이 나타나기 시작했다. 아직도 사람들의 마음속에는 과거의 시스템이 자리를 잡고 있었고, 업무 협조가 이루어지지 않는 상태에서 고객들은 계속 이 팀 저 팀을 전전해야 했다(도중에 포기하는 경우도 많았다). 코디네이터들은 과거의 유대관계를 지속했고, 문제가 생기면 팀원에게 도움을 요청하는 것이 아니라, 예전에 같이 일했던 동료들의 도움을 받으려 했다(그 사람이 다른 팀에 있는 경우에도 그랬다).

당신이 이 문제를 해결해달라는 요청을 받았다고 상상해보라. 어

떤 조치를 취하겠는가? 직접 머리를 맞대고 해법을 논의할 수 없으
므로, 이런 상황에서 취할 수 있는 행동의 목록을 제시하고자 한다.
가볍게 훑어보고 어떤 아이디어가 가장 좋은지 생각해보라. 그 다
음에 다시 한 번 천천히 목록을 읽어보고, 다음의 다섯 가지 범주
중 하나를 골라 각각의 항목 옆에 몇 번인지를 써 넣어라.

1 = 매우 중요함. 즉시 행동에 들어간다.

2 = 해볼 만한 가치는 있으나 시간이 소요됨. 계획 수립 시작.

3 = 효과가 있을 수도 있고 없을 수도 있음. 상황에 따라 다름.

4 = 별로 중요하지 않음. 헛수고일 수 있음.

5 = 절대로 안 됨!

한 문항씩 읽고 번호를 기입한 후 다음 문항으로 넘어가라. 이런
상황은 결코 간단하지 않기 때문에 문제 해결도 복잡해질 수 있다
는 사실을 염두에 두어라.

행동 방안 목록

_____ 변화에 대해 상세하게 정리하여 다시 한 번 설명한다.

_____ 팀 시스템이 효과를 거두기 위해서는 개인의 행동과 태도
에 어떤 변화가 요구되는지 정확하게 파악한다.

____ 새로운 시스템 하에서 소중한 부분을 상실하게 될 사람이 누구인지 파악한다.

____ 보상 시스템을 변경하여 변화에 순응한 사람에게 보상한다.

____ 변화를 시도하게 된 이유를 이해시킨다.

____ 동기 유발 전문가를 초빙하여 팀워크의 중요성에 대해 설명한다.

____ 기존 시스템에서 새로운 시스템으로 전이해가는 동안 발생하는 혼란을 잠재울 수 있는 시스템을 개발한다.

____ 새로운 시스템으로 옮겨가기 전까지의 기간을 헛되이 보내지 않고, 각 단위의 서비스 방법을 개선한다. 상황이 허락한다면, 새로운 서비스를 만든다.

____ 공간 배치를 바꿔서 상담 부스를 유리나 낮은 칸막이로 구분한다.

____ 팀원들을 전화상으로나 개인적으로 불만을 가진 고객들과 만나게 한다. 가장 시급한 문제점이 무엇인지 파악하도록 한다.

____ '변화 책임자'를 지명하여 변화가 순조롭게 진행되는지 책임지고 살피도록 한다.

____ 팀 구성원 전원에게 '팀워크'라는 로고가 새겨진 배지를 지급한다.

____ 변화의 단계를 줄인다. 첫 번째 단계와 두 번째 단계를 통

합하고, 나중에 세 번째 단계를 추가한다. 그리고 그 후에 책임자를 코디네이터로 임명한다.

_____ 개인별로 이야기를 나눈다. 팀워크를 형성하는 데 어떤 종류의 문제가 있는지 물어본다.

_____ 개인별로 상담 부스를 운영하지 않고, 팀별로 공간을 배정한다.

_____ 각 단위에서 베스트 멤버를 선발하여, 팀 모델을 만든 후 모방하도록 한다.

_____ 팀 운영에 대해 배울 수 있는 교육 기회를 모든 사람에게 제공한다.

_____ 서비스 사업부의 스태프들을 팀으로 구성하고, 부장이 코디네이터 역할을 맡는다.

_____ 서비스 팀을 성공적으로 운영하는 조직에 팀 대표들을 견학시킨다.

_____ 개인 기여자들로 하여금 그룹을 만들도록 한 후, 전권을 위임하고 팀제로 전환하는 데 필요한 계획을 제안하도록 한다.

_____ 기존의 계획을 파기하고, 폐해가 적을 것 같은 계획을 찾아본다. 새로 찾은 계획이 효과가 없으면 다시 다른 계획을 시도한다. 그 과정을 여러 번 되풀이하더라도 포기하지 않는다.

_____ 늦장대처를 엄중히 다루고, 개선되지 않을 시에는 징계 조

치를 취한다.

_____ 제일 먼저 새로운 방식으로 100건의 상담 건수를 처리한 팀
에게 보너스를 지급한다.

_____ 팀원 전원에게 새로 만든 조직도를 나누어준다.

_____ 정기적으로 팀 미팅을 갖는다.

_____ 개인별로 설정된 목표량을 팀별로 전환하고, 보너스도 팀
성과에 따라 지급하도록 바꾼다.

_____ 변환의 의미, 그것이 사람들에게 미치는 영향에 대해 토론
한다. 변환 중에 있는 사람들을 관리하는 방법에 관해 코디
네이터들을 교육한다.

여기 제시된 해결 방안에 정답이 있는 것은 아니다. 하지만 시간
이 지나면서 좀더 많이 신뢰할 수 있는 방법들이 생겨났다. 여기에
내가 작성한 목록을 제시한다. 하지만 당신은 당신의 선택에 대해
서 나름의 확신이 있어야 할 것이다. 그리고 선택보다 더 중요한 것
은 그것을 선택하게 된 이유이기 때문에, 목록과 함께 선택의 이유
를 따로 설명하고자 한다.

범주 1 | 매우 중요함. 즉시 행동에 들어간다.

팀 시스템이 효과를 거두기 위해서는 개인의 행동과 태도에 어떤
변화가 요구되는지 정확하게 파악한다. 변환에 성공하기 위해서

는 사람들의 기존 행동과 태도 중에서 어떤 것을 변화시켜야 하는지 정확하게 알아야 한다. 팀제로 시스템이 바뀌게 될 거라고 말로만 이야기하는 것으로는 충분치 않다. 행동이나 태도 면에서 팀 시스템이 지금의 시스템과 어떤 점에서 다른지 알아야 한다. 어떤 행동을 그만두고, 어떤 행동을 시작해야 하는가? 구체적으로 생각하라. 구체적인 변화 사항들을 파악하지 않는 이상, 구성원들이 당신의 의도를 정확하게 이해하기는 어려울 것이다.

새로운 시스템 하에서 소중한 부분을 상실하게 될 사람이 누구인지 파악한다. 앞에 설명된 내용에 바로 이어서 이 단계에 들어가도록 한다. 변환은 언제나 끝냄으로 시작한다는 사실을 기억하라. 과거를 버리기 전까지는 절대로 새로운 것을 받아들일 수 없다. 이것은 포기의 프로세스로 사람들의 저항이 예상되기는 하지만, 그렇다고 해서 저항이 변화 프로세스의 일부인 것은 아니다. 저항은 근무 태만이나 노동 쟁의의 형태로 나타날 수도 있다. 사람들의 저항을 효과적으로 해결하기 위해서는 상실의 유형을 미리 파악하고 있어야 한다.

변화를 시도하게 된 이유를 이해시킨다. 대부분의 관리자와 리더들은 문제점을 이해시키는 데 10%의 에너지만 쓰고, 나머지 90%의 에너지는 문제점에 다한 해결 방안을 알리는 데 사용한다. 사람은 자신이 보지 못하고 인정할 수 없고 이해할 수 없는 해결 방안에는 관심을 가질 수 없다. 어쩌면 팀원들이 당신보다 더 좋은 해결 방안을 내놓을 수 있다. 그런 경우에는 굳이 해결 방안을 선전할 필요가 없다. 그것은 이미 그들의 것이다.

 문제점을 알리는 방법의 일환이다. 당신 혼자서 불만 사항을 해결하려고 하는 이상, 서비스의 질 저하는 영원히 당신의 문제가 될 것이다. 직원들에게 그 일의 중요성을 인식시키기 위해서 얼마만큼 노력했는지는 중요하지 않다. 직원들의 에너지를 끌어들이기 위해서는, 우선 서비스의 질 저하가 그들의 문제가 되어야 한다. 이 방법은 고객들이 직원들의 업무를 어떻게 평가하고 있는지 판단할 수 있는 좋은 기회가 될 수 있다. 듀퐁 사는 이 방법을 여러 공장 현장에서 사용하여 큰 성공을 거뒀다. 듀퐁 사에서 실시하고 있는 프로그램의 이름은 '고객을 입양하라'인데, 한 달에 한 번 블루칼라들은 고객을 방문하여 몰랐던 것을 배우고 다시 공장으로 복귀한다.

 변화로 인해 어려움을 겪는 조직의 관

리자들은 보통 문제점이 무엇인지 알고 있다고 생각하는 경향이 있다. 하지만 사실은 그렇지 않다. 그들은 다른 사람들도 자신들과 똑같은 방식으로 문제를 인식하고 있다고 믿고 있을 뿐이다. 또한 다른 사람들의 생각은 모두 틀렸다고 자기 식으로 판단하고 있을 뿐이다. 질문을 할 때는 우선 질문 선택이 적절해야 한다. '왜 이렇게 안 하는 거야?' 라고 묻는다면 우호적인 관계를 만들 수 없다. 방어적인 대답만을 듣게 될 것이다. 반면 '여기 문제점이 뭔 것 같아?' 라고 물으면, 훨씬 더 우호적인 대답을 들을 수 있을 것이다.

변환의 의미, 그것이 사람들에게 미치는 영향에 대해 토론한다. 변환 중에 있는 사람들을 관리하는 방법에 관해 코디네이터들을 교육한다. 변환을 이해하는 것은 누구에게나 중요하다. 팀원들이 왜 그런 반응을 보이는지 코디네이터가 이해하고 있다면, 팀원들을 다루는 일이 훨씬 쉬워질 것이다. 또한 팀원들이 변화 과정을 겪는 사람들의 심리를 이해할 수만 있다면, 자신들의 행동에 대해서도 보다 많은 자신감을 갖게 될 것이다. 그리고 자신들의 문제가 변환 프로세스 때문에 생기는 것이지, 변화 때문에 생기는 것은 아니라는 사실도 인지하게 될 것이다. 변환에 대해 이해하지 못하는 팀원들은 자신들의 감정을 변화의 탓으로 돌리려 할 것이다.

정기적으로 팀 미팅을 갖는다. 새로운 팀제에 적합한 공간을 마련하기 전이라도 정기 미팅을 통해서 새로운 정체성을 정립해가는 일을 시작할 수 있다. 이 조직의 경우, 원래 계획대로라면 2주에 한 번씩 팀 미팅을 열기로 되어 있었다. 우리는 팀 미팅 제도를 전면적으로 개혁하였다. 자주 만나야만 과거의 습관과 이미지에서 탈피하여 팀워크에 필요한 새로운 인간관계를 만들 수 있다. 미팅 날짜가 적힌 달력만큼 더 강력하게 변화의 중요성을 각인시켜줄 방법은 없다.

범주 2 | 해볼 만한 가치는 있으나 시간이 소요됨. 계획 수립 시작.

보상 시스템을 변경하여 변화에 순응한 사람에게 보상한다. 과거의 습관에 대해 더 이상 보상하지 않아야 한다는 점에서 이 조치는 중요하다. 하지만 주의하라. 충동적으로 생각해낸 보상 시스템은 문제점을 없애기보다 오히려 새로운 문제점을 더 빨리 양산하기 쉽다.

기존 시스템에서 새로운 시스템으로 전이해가는 동안 발생하는 혼란을 잠재울 수 있는 시스템을 개발한다. 낡은 것이 사라지고 새로운 것이 시작되는 시기에는 여러 가지 불상사가 발생할 수 있다. 모든 것이 유기될 수 있는 위험한 순간이다. 중립지대에 대해 논의하게 될 때, 이 부분에 대해 좀더 자세한 설명이 주어

질 것이다. 지금으로서는 이 혼돈의 시기를 잘 헤쳐 나가기 위해
서 임시방편이나마 문제를 해결할 수 있는 정책, 절차, 서열관
계, 역할, 테크놀로지 등을 만들어야 한다는 이야기를 해두는 것
으로 만족해야 할 것 같다.

새로운 시스템으로 옮겨가기 전까지의 기간을 헛되이 보내지 않
고, 각 단위의 서비스 방법을 개선한다. 상황이 허락한다면, 새로
운 서비스를 만든다. 중간지대는 흔히 혼돈의 시기라고 말해지는
데, 불확실한 시기가 안정적인 시기보다 조직 개혁에는 더 용이
할 수 있다. 그런 점에서 이 상황은 동전의 양면과도 같다. 중립
지대는 불안감은 높지만 새로운 것을 시도해볼 수 있는 절호의
기회이다. 특히 오래전부터 원했던 일이지만 기존 방식과의 갈등
때문에 미뤄왔던 것들을 시도해보면 좋다.

개인별로 상담 부스를 운영하지 않고, 팀별로 공간을 배정한다.
팀별로 공간을 배정하고 나서야 비로소 제도와 물리적인 현실과
의 밀접한 유대관계가 생겨날 것이다. 공간은 상징적인 것이다.
물리적으로 함께하는 공간이어야 정신적으로나 감정적으로 하나
됨을 느끼기가 쉽다.

서비스 사업부의 스태프들을 팀원으로 구성하고, 부장이 코디네

이터 역할을 맡는다. 리더들은 그들이 생각하거나 의도하는 것보다 더 많은 메시지를 전달할 수 있다. 직원들의 변화를 원하면서도 정작 리더 자신이 그 모델이 되지 않는다면, 많은 변화를 기대할 수 없다. 랄프 왈도 에머슨(Ralph Waldo Emerson)은 이렇게 말했다. "행동으로 보여주면 말로 떠들 필요가 없다."

서비스 팀을 성공적으로 운영하는 조직에 팀 대표들을 견학시킨다. 효과적인 학습을 위해서는 직접 보고 듣고 만져보는 것이 중요하다. 의심이 많은 사람에게는 실제로 누가 어떤 일을 어떻게 하는지 말해주는 것이 훌륭한 세미나나 인상적인 격려 연설보다 더 큰 영향력을 행사한다. 팀 대표들을 다른 곳에 파견할 수 없는 상황이라면, 회사로 초빙하거나 성공 사례를 담은 비디오테이프를 구하라.

개인별로 설정된 목표량을 팀별로 전환하고, 보너스도 팀 성과에 따라 지급하도록 바꾼다. 개인플레이에 익숙한 사람을 팀플레이에 익숙한 사람으로 바꾸는 것은 쉬운 일이 아니다. 팀 스포츠를 정착시킬 때까지 이 게임은 절대 성공할 수 없을 것이다. 개인별 성과급제는 이 게임 규칙의 일부이다. 가능한 빨리 바꿔라.

범주 3 | 효과가 있을 수도 있고 없을 수도 있음. 상황에 따라 다름.

동기 유발 전문가를 초빙하여 팀워크의 중요성에 대해 설명한다. 문제는 이 해결 방안만으로는 아무런 성과도 이룰 수 없다는 데 있다. 일단 동기 부여가 되면 원하는 변화를 쉽게 이룰 수 있기는 하지만, 이 방법 한 가지에만 의존하는 것은 문제가 있다. 이 방법이 효과를 거두기 위해서는 반드시 포괄적인 변환 관리 계획안에 통합되어야 한다.

'변화 책임자'를 지명하여 변화가 순조롭게 진행되는지 책임지고 살피도록 한다. 좋은 계획이 있고 의사소통이나 교육, 지원이 훌륭하게 받쳐주고 있다면, 좋은 생각이라고 할 수 있다. 하지만 단순히 사람 하나를 지명해놓고 '성공'을 강요한다면, 아무런 성과도 이루지 못할 가능성이 크다. 더구나 그럴 만한 능력이 없는 사람이 책임자가 된다면, 강압적인 권력 행사자로 전락할 수도 있다. 또한 조직의 변화 노력도 약화될 것이다.

팀 구성원 전원에게 '팀워크'라는 로고가 새겨진 배지를 지급한다. 상징은 위대한 것이기에 당연히 사용해야 한다. 하지만 대부분의 배지는 의미 없는 금속덩어리이기 쉽다. 배지는 보다 광범위하고 포괄적인 노력에 포섭되어야 한다(결국 많은 사안들이 이런 식의 결론으로 귀결된다).

팀 운영에 대해 배울 수 있는 교육 기회를 모든 사람에게 제공한다. 새로운 방식을 교육할 수 있다는 점에서 세미나는 중요하다. 하지만 보다 광범위하고 포괄적인 노력 안에 포섭되지 않는 이상, 많은 교육은 낭비가 될 수 있다.

공간 배치를 바꿔서 상담 부스를 유리나 낮은 칸막이로 구분한다. 틀린 방법은 아니다(개인별로 할당된 상담 부스는 기존의 행동 방식을 강화시킬 뿐이다). 하지만 팀워크를 강화하기 위한 방법으로는 충분하지 않다. 보다 나은 해결 방법은 범주 2를 참고하라.

제일 먼저 새로운 방식으로 100건의 상담 건수를 처리한 팀에게 보너스를 지급한다. 보상과 경쟁 모두 당신의 수고에 힘을 실어줄 수 있는 방법이다. 하지만 단순하게 양적인 목표만을 설정해서는 안 된다는 점에 유의하라. 100명을 '처리'하는 것도 좋지만, 고객이 당신 회사의 문을 나서자마자 경쟁자의 품 안으로 달려가도록 만들어서는 안 되기 때문이다. 또한 팀워크는 무시되고 팀원 몇 사람이 모든 일을 처리해서 속도가 빨라지는 것도 경계해야 한다. 당신은 팀워크에 대해서 보상을 하고 싶을 테니, 어떤 식으로 경쟁을 붙일 것인지 세밀한 계획을 세우도록 하라.

변화에 대해 상세하게 정리하여 다시 한 번 설명한다. 글로 적어 두면, 나중에 사람들이 못 들었다는 말은 할 수 없다. 메모는 듣는 사람보다는 말하는 사람의 입장을 보호하기에 더 효과적인 방법이다. 더구나 구조 개편 계획과 같이 복잡한 정보를 전달하기에는 좋은 방법이라 할 수 없다.

팀원 전원에게 새로 만든 조직도를 나누어준다. 조직도는 팀 배치나 서열관계를 보여주는 데에는 좋지만, 사실 해결 방법으로서는 충분하지 못하다. 여기서 우리가 관심을 가져야 하는 것은 새로운 태도와 행동 방식이지 누구에게 업무 보고를 해야 하는지가 아니다.

범주 5 | **절대로 안 됨!**

개인 기여자들로 하여금 그룹을 만들도록 한 후, 전권을 위임하고 팀제로 전환하는 데 필요한 계획을 제안하도록 한다. 구성원들의 참여를 유도하는 것은 좋다. 하지만 조심스럽게 준비하고 현실적인 제약을 고려하여, 그 틀 안에서 움직여야 한다. 변화를 원하지 않는 사람들에게 전권을 위임하는 것은 자칫 재앙을 불러올 수도 있다.

변화의 단계를 줄인다. 첫 번째 단계와 두 번째 단계를 통합하고, 나중에 세 번째 단계를 추가한다. 그리고 그 후에 책임자를 코디네이터로 임명한다. 변화의 규모가 큰 것보다는 작은 것이 동화되기 쉽기 때문에, 이 아이디어가 매력적으로 보일 수 있다. 하지만 변화를 따로따로 소개하는 것은 곤란하다. 차라리 일관성 있게 변화를 하나의 패키지로 묶는 것이 더 낫다.

각 단위에서 베스트 멤버를 선발하여, 팀 모델을 만든 후 모방하도록 한다. 다른 것보다 매력적으로 보이는 아이디어다. 하지만 궁극적으로는 다른 단위에서 베스트 멤버들을 빼내는 것이기 때문에, 다른 팀의 가능성 자체를 박탈할 수도 있는 위험한 아이디어다.

기존의 계획을 파기하고, 피해가 적을 것 같은 계획을 다시 찾아본다. 새로 찾은 계획이 효과가 없으면 다시 다른 계획을 시도한다. 그 과정을 여러 번 되풀이하더라도 포기하지 않는다. 변환 프로세스는 누구에게나 힘든 일이다. 하지만 그보다 더 힘든 것은 여러 차례 변화를 겪는 일이다. 한 차례도 아니고 연거푸 계속해서 변화를 겪다 보면 변환에 대해서는 망각하게 되기 때문이다.

늦장대처를 엄중히 다루고, 개선되지 않을 시에는 징계 조치를 취한다. 협박은 하지 마라. 긍정적인 효과보다는 악의가 더 빨리 확산될 것이다. 하지만 기대치는 분명히 밝혀두어라. 그 기대에 못 미치는 사람들은 비판을 받아야 한다.

여기서 밝힌 내 의견을 다시 한 번 검토해보고, 당신의 생각과 비교해보라. 그리고 변화와 변환의 차이에 대해서 반추해보라. 내가 제시한 대답과 확연히 다른 답안을 낸 사람은 경계하고 대비해야 할 것이 변화가 아니라 변환이라는 사실을 망각했다. 물론 변화도 관리해야 한다. 하지만 과거의 행동 방식과 사고를 그대로 유지하면서 새로운 변화(팀 시스템과 새로운 자리 배치)만을 강요하는 것은 좋지 않다. 또한 성공적인 변화를 도모하기 위해서는 사람들이 심리적으로 안정을 찾고 방향을 재정립할 수 있도록 도와주어야 한다. 다음 장에서는 이러한 도움을 제공하는 데 필요한 몇 가지 기술을 소개하고자 한다.

8장에서 다시 한 번 사례 연구를 다루게 될 것이다. 그때 다시 당신에게 맞는 변환 관리 계획 수립에 대해 알아보기로 하고, 우선은 검증된 변환 관리 기술을 검토하기로 하자. 3, 4, 5장에서는 각각 끝냄, 중립지대, 새로운 시작의 단계를 관리하는 방법에 대해 설명할 것이다. 6장에서는 지속적인 변화를 관리하는 방법에 관해서 다루고, 7장에서는 독자들의 상황을 관리하는 구체적인 방법에 대해 논의하게 될 것이다. 따라서 8장에서 다시 사례 연구를 다룰 때쯤이면, 많은 지식과 정보를 비축해둘 수 있을 것이다.

2부

해결 방안

Part TWO

The Solution

3장 과거에서 벗어나는 법

새로운 것을 시작하기 위해서는 반드시 과거를 청산해야 한다. 새로운 방식을 배우기 위해서는 반드시 과거의 방식을 잊어야 한다. 그리고 새사람으로 다시 태어나기 위해서는 과거의 정체성을 버려야 한다. 그런 의미에서 시작은 끝냄에 의존한다. 문제는 사람들이 끝냄을 싫어한다는 데 있다.

하지만 변화와 끝냄은 같이 가는 것이다. 변화는 변환을 유발하고, 변환은 끝냄으로 시작된다. 조직 내부에서 변화가 시작되면, 소중한 것을 포기해야 하는 관리자와 직원이 반드시 생겨나게 되어 있다. 예를 몇 가지 들어보기로 하자.

● 모 병원의 사무처장이 산부인과와 소아과를 합병하기로 결정한
다. 환자의 입장에서는 매우 타당한 결정이다(요새는 고객 서비
스가 곧 게임의 성패를 좌우하지 않던가). 우선 간접비가 줄어들
것이다. 오늘날에는 비용 절감도 고객 서비스만큼 중요하다. 그
런 의미에서 성공만 한다면 대히트가 될 아이디어이다. 하지만
지금 당장 2개의 조직의 완전히 별개의 조직으로 존재한다. 조
직에 대한 충성의 패턴이 다르고, 경력 경로(career path)가 다
르고, 절차도 다르다. 심지어는 조직의 문화도 달라서, 한쪽은
성인과의 관계에서 발전해온 것이라면 다른 한쪽은 어린아이를
상대로 발전해온 문화이다. 이러한 차이는 각 과 직원들 간의 정
체성에 그대로 반영되어 있다. 양쪽 과의 직원들은 서로를 '우
리'와 '그들'로 구분한다. 사로운 변화를 위해서는 과거의 행동
방식과 사고부터 버려야 한다.

● 모 대기업의 재무 담당 관리자로 임명된 그가 제일 먼저 착수한
일은 비효율적이고 낡아빠진 금융 거래 방식을 개선하는 것이
다. 기존의 워크 플로우는 '버킷 브리게이드' 방식이었다. 이 시
스템 하에서는 가장 느린 버킷에 의해 전체의 워크 플로우가 영
향을 받게 되어 있기 때문에, 데이터의 누출 사고가 빈번하게 일

어났다. 그는 워크 플로우의 재설계를 결심하고, 새로운 프로세스를 위해 조직 개편을 시도한다. 따로 떨어져 있던 업무는 묶고, 묶여 있던 업무는 따로 떼어놓는다. 상사가 바뀌고, 상사들은 새로운 책임을 부여받게 된다. 관리자들은 일면식도 없는 직원들의 협조가 필요하다. 그렇기에 과거의 동료들이 그립다. 하지만 새로운 시스템은 문제없을 거라고 그들은 계속 되뇐다.

● 모 생산 공장 현장에 책임자가 새로 부임해온다. 와서 보니 공장 최고 책임자와 시간제 직원 사이의 관리자 계층이 총 8개나 된다. 정보가 한 번 라인을 올라갔다 내려오려면 엄청난 시간이 걸리고, 정보의 왜곡도 심각하다. 의사 결정도 한 번에 한 단계씩 밟아 올라가야 하기 때문에 최종 결정이 내려지기까지는 몇 달이 걸린다. 실행도 한 단계씩 밟아 내려와야 하기 때문에 마찬가지로 엄청난 시간이 소요된다. 마침내 그가 결정을 내린다. "관리자가 너무 많습니다. 인력을 줄이고, 피라미드를 축소할 생각입니다." 60명의 감독자와 관리자 중에서 17명은 은퇴가 가까워온 사람들이다. 그 사람들은 퇴직금을 두둑이 주어 내보낸다. 업무 성적이 좋지 않은 6명은 그냥 해고하고, 10명은 다른 곳으로 자리를 옮긴다(아무도 그렇게 인정하진 않겠지만 엄밀히 말하면 '강등'이다). 책임자는 "이제 우리는 군살을 모두 제거한

효율적인 조직이 되었다"라고 기세등등하게 말한다. 하지만 시
간이 지날수록 사태는 점점 더 악화되어간다. 직원들은 모든 일
에 늦장을 부리고, 이상한 소문만 무성하게 나돈다. 책임자는 새
로운 구조가 기존의 구조보다 훨씬 더 우월하다는 주장을 계속
한다. 그는 직원들을 설득시킬 수 있으리라 기대한다. 논리적으
로야 맞는 말이지만, 그는 자신의 말이 익숙한 자리, 자존감, 동
료들을 상실한 사람들에게는 공허하게 들릴 뿐이라는 사실을 인
식하지 못한다.

위의 경우 사람들을 저항하게 만든 것은 변화가 아니다. 그들이
경험했던 것은 상실과 끝냄이고, 그들이 저항하고 있는 대상은 변
환이다. 변화의 성과의 유익성에 대해 장황하게 설명해도 별 소용
이 없는 이유가 여기에 있다. 당신은 변화의 성과에 대해 떠들 것이
아니라 상실과 끝냄에 보다 적극적으로 대처해야 할 것이다.

그렇다면 어떤 행동을 취해야 하는가? 여기 방법이 있다.

누가 무엇을 잃게 되는지 파악하라

실제로 어떤 것이 끝나게 되고, 누가 무엇을 잃을 것인가? 계획
단계에 있다면, 다음의 질문이 차례대로 그 해답이 될 수 있다.

- 가능한 상세하게 변화를 기술하라. 실제로 어떤 변화가 있을 것인가? 구체적으로 생각하라. '품질 개선', '의사 결정의 분권', '비용 절감'과 같은 용어들은 겉모양만 번드르르하지, 먼지가 걷히면 실제로 무엇이 달라지는지에 대해서는 아무것도 말해주지 못한다.

- 변화가 당구대 위를 굴러다니는 큐볼(cue ball)이라고 생각하라. 당구대 위에는 여러 개의 공이 있고, 큐볼은 이 중 몇 개의 공을 맞힐 것이다. 의도했던 대로 맞는 것도 있을 것이고, 그렇지 않은 것도 있을 것이다. 가능한 여러 번 타구를 한다고 생각하라. 지금의 변화가 유발하게 될 2차적인 변화는 어떤 것인가? 그리고 이 2차적인 변화에 의해 다시 유발될 제3의 변화는 어떤 것인가? 각각의 변화가 완료될 때마다 어떤 변화가 있을지에 대해서 자세하게 기술하라.

- 원인과 결과의 충돌이 시작되었다. 기존의 존재 방식과 행동 방식에 영향을 받게 될 사람이 누구인지 생각해보라. 각각의 경우, 누가 무엇을 포기해야 할 것인가? 정확하게 어떤 것을 포기해야 하는가? 동료들인가? 능력에 대한 자신감의 원천이 되었던 역할인가? 승진의 기회인가? 가치관과 부합하는 전략인가? 혹은 기존의 기대들인가?

- 상실의 대부분이 구체적일 수 없다는 점에 주목하라. 그것은 태도, 가정(假定), 기대가 복합된 것으로서 우리의 머릿속에 존재

한다. '원래 그런 것'이라고 생각되는 것들 덕분에 이 세상에서 우리가 편안하게 살아갈 수 있는 것이다. 이런 것들이 사라지게 되면, 우리는 중요한 것을 잃었다고 생각하게 된다. 다른 사람들의 눈에는 아무것도 달라진 게 없어 보인다고 해도 말이다.

- 모든 사람에게 상실로 비칠 만한 것이 있는가? 조직 역사의 한 장이 될 만한 사건이 그 대상인가? 말로 구체화되지 않았지만 직원들이 사장에게 기대하는 것은 무엇인가? 조직의 상징인가? 끝냄의 대상이 어떤 것이든, 다음 표현처럼 기술될 수 있을 것이다.

> "우리는 사람을 소중히 여기지."
> "우린 최첨단 하이테크 기업이야."
> "우린 결코 2등에 안주하지는 않아."
> "우린 절대 헐값에 팔리지는 않을 거야."
> "우린 항상 윤리적으로 행동할 거야."
> "우리 내부에서 사람을 뽑아 승진시키지."

반면 변화가 이미 진행 중이라면, 상실 파악이 훨씬 더 쉬워질 수 있다. 사람들에게 간단한 질문을 던져라. "지금 X를 새로 시행 중인데, 어떤 차이가 있습니까?" "X를 했는데, 무엇을 포기해야 했나요?" "X로 바뀐 뒤로 가장 아쉬운 것이 무엇입니까?"

현실을 인정하고 주관적인 경험으로서의 상실의 의미를 받아들여라

상대의 이야기에 반박하지 마라. 첫째, 대화가 단절되고 더 이상 그 주제에 대해 알 수 없게 될 것이다. 둘째, 상실은 주관적인 경험이므로, 당신의 객관적인 견해(실제로는 또 다른 주관적인 견해)는 그 상황에 부적절하다. 마지막으로 셋째, 당신이 이해심이 부족한 사람이라는 인식을 심어줌으로써 일을 더 어렵게 만들 수 있다(혹은 당신이 상대의 감정이나 생각을 배려하지 않는다는 인상을 줄 수도 있다).

> 우리는 복종과 규율에 대한 수용, 지적인 용기, 결단력이 가장 중요한 시대를 살았지만, 이제는 세계와의 맹목적인 싸움보다 이해가 더 중요한, 그런 고단한 시대를 살아가야 한다.
> — 어니스트 헤밍웨이, 미국 소설가

어쩌면 배려라는 것은 정말 없을지도 모른다. 당신이 옛날에 관리직에 처음 발을 들여놓았을 때는, 명령을 내리고 그 명령이 제대로 실행되지 않으면 채찍을 휘두르라고 배웠을 것이다. 그때는 경쟁도 그리 심하지 않았고, 구성원들의 지적인 능력이나 에너지의 반만 잘 이끌어내도 어지간한 성과는 이뤄낼 수 있었다. 그랬기 때문에 순응하게 하는 것만으로 충분했다. 하지만 지금은 사정이 달라졌다. 단순한 순응만으로는 어디서든 충분치 않다. 사람들의 능력을 100% 끌어내기 위해서는 헌신과 전력투구의 자세가 필요하다. 당신이 이런 상황을 이해하지 못하고 과거의 생각만 하면서 의사 결정을 내린다면, 구성원들의 헌신은 이끌어낼 수 없을 것이다. 따라서 어떤 상황이든 간에 누가 어떤 상실의 고통을 겪고 있는지, 구체적으로 무엇을 잃어버린 것인지 파악하라.

과잉반응에 놀라지 마라

사람들은 필요 이상으로 변화에 대해 '과잉반응'을 일으키는 경향이 있다. 하지만 이런 편견은 실상 두 가지 사실을 간과하게 만든다. 첫째, 변화는 변환을 유발하고, 변환은 상실을 유발한다는 점이다. 사람들이 반응을 보이는 것은 그러한 상실이지 변화가 아니다. 둘째, 상실되는 것은 우리의 세계가 아니라 그들의 세계인데, 우리는 흔히 우리의 세계를 잃어버리는 것처럼 반응한다. 잃을 것이 거의 없거나 아예 없는 사람은 이성적으로 행동하기가 훨씬 수월하다.

과잉반응은 과거에 겪었던 상실의 경험 때문에도 생겨난다. 과거에 상실의 경험을 적절히 해결하지 않았을 때, 변환의 결핍 현상이 나타난다. 그렇게 되면 끝냄이 시작됨과 동시에 자동적으로 슬픔이 고개를 쳐들게 된다. 누가 봐도 능력이 없는 것이 확실해 보이는 관리자나 리더가 해고되었을 때, 혹은 회사의 정책이나 절차상에 별로 충격적이라고도 할 수 없을 것 같은 미미한 변화가 있었을 때, 사람들이 과민반응을 보인다면 바로 이 결핍 현상 때문이다. 사람들이 과잉반응을 보이는 것은 인정하거나 슬퍼할 겨를도 없이 받아들이고 체념해야 했던 상실에 대한 과거의 기억이다.

이러한 과잉반응은 앞으로 지금 겪은 것보다 더 큰 상실을 겪어야 할 것이라는 예측 때문에도 발생할 수 있다. 해고 경험이 전무한 회사에서 소규모의 인원 감축을 시도했다면, 이 경우에 해당할 것이다. 이것은 구체적인 개개인의 상실의 경험이 아니다. 무해고 정책으로 일관해온 회사에 대해 느꼈던 신뢰감의 상실인 것이다.

규모가 작은 상실이라 하더라도 그것이 종국에 나머지 사람들 모두에게 영향을 미칠 거라는 판단이 들 때는 과잉반응이 나타날 수 있다. 안정적인 일자리를 갖고 있다고 생각되던 사람이 일자리를 잃으면, 주변 동료들은 모두 다음이 자신들의 차례가 아닐까 전전긍긍하게 된다.

이런 경우 모두 과잉반응은 정상적이 것이며, 전혀 과잉반응이 아니다. 겉으로 드러난 상실 이면의 상실을 발견하고 그것을 적절히 해결하는 방법을 배워라. 단순히 상실 A에서 벗어나라고 강요하는 것보다는 상실 A가 더 끔찍하게 생각되는 상실 B와는 사실 아무런 관계가 없다는 사실을 설명하는 것이 훨씬 더 효과적인 방법이다.

상실을 공개적으로 인정하고 공감하라

상실을 공개적으로 드러내놓다야 한다. 그 점을 인정하고 상실의 고통을 겪는 사람들에 대한 관심을 표현해야 한다. 간단하고 직접적인 방식으로 행하라.

"이렇게 인사 조치를 하게 돼서 정말 유감입니다. 그분들이 훌륭한 분들이라는 것은 저희도 잘 알고 있습니다."

"소프트웨어를 바꾸면 처음부터 다시 시작하는 느낌이 들 거라는 것 잘 압니다. 저도 그렇게 느끼니까요. 그런 것 정말 싫지요!"

"해고 통지 받았다는 이야기는 들었어. 정말 너무하는군! 다른 방법을 찾아봐주길 바랐는데 말이야."

관리자들은 종종 공개적으로 드러내놓고 이야기하는 것에 대해

우려를 나타낸다. 심지어는 사람들의 감정을 인정해주는 것이 오히려 더 큰 문제를 일으키는 것이라고도 주장한다. 사실 이런 태도는 상실에 대해 이야기하지 않겠다는 것보다는 문제의 원인 자체를 부정하려는 태도에서 비롯된다.

모 전자제품회사에서 수십 명에 달하는 장기 근속자들을 해고해야 하는 상황이 벌어졌다. 회사는 이 사람들의 충성심을 높이 평가하여 상당히 매력적인 금액의 퇴직금을 지불하기로 결정했다. 이 발표가 나고 나서도 대상자들은 두 달간 더 회사에 남아 있기로 했다. 그런데 책임자는 "괜히 관심을 가져봤자 사람들의 기분만 더 상하게 할 것 같다"며 나가야 할 사람들의 상실감에 대해 명확한 입장을 밝히지 않으려 했다. 그의 침묵은 오히려 사람들을 더 화나게 만들었고, 결국 몇 명은 중요한 프로젝트를 사보타주하는 계획까지 세우기 시작했다.

그 관리자가 그런 행동을 했던 이유는 직원들의 고통을 어떻게 다루어야 할지 몰랐기 때문이었다. 많은 사람들은 다른 사람의 고통을 공개적으로 다루는 문제를 어려워한다. 하지만 상실감을 극복하는 사람들을 다룬 연구 자료를 보면, 상실을 공론화했을 때 회복이 더 빠르다.

나는 얼마 전 공장 폐쇄를 앞두고 있는 어느 회사에서 이런 상황이 발생한 것을 직접 목격한 적이 있었다. 화가 난 직원들이 떼를 지어 서 있고, 그 앞에 임원이 나와서 회사의 결정에 대해 설명하고 있었다. 그런데 그 임원은 앞서 설명한 전자회사의 관리자와는 다른 태도를 보여주었다. 그는 설명 도중에 자신의 심경을 솔직하게 털어놓았다. 그러자 불같이 성나 있었던 관중들의 흥분이 가라앉기 시작했다. 나중에 그 임원은 감정을 표출한 것에 대해 정중히 사과했다. 그는 자신의 솔직한 감정 표현이 논리적인 설명보다 더 효과적이었던 사실을 모르는 듯했다.

슬픔의 징후를 예측하고 수용하라

끝냄이 시작되면, 사람들은 화, 슬픔, 공포, 실망, 혼돈의 감정을 느끼게 된다. 이런 감정의 상태를 사기 저하로 오인할 수도 있지만, 사실은 그렇지 않다. 이것은 슬픔의 징후로서, 소중한 것을 잃었을 때 나타나는 자연스러운 감정이다. 가족을 잃은 가정이나, 끝냄이 시작된 조직에서 이러한 징후들이 발견된다.

많은 사람들이 자기 부탁을 들어주기보다는 자기 이야기를 들어주기를 더 원한다.

_필립 스템호프, 체스터필드 경

하지만 이런 감정의 징후들이 명확하게 나타나는 것은 아니다. 특히 처음에는 더 그렇다. 사람들은 상실 자체를 부정하려 한다. 부정은 슬픔 프로세스에서 제일 먼저 나타나는 자연스러운 반응이다. 사람들은 부정을 통해서 상실의 충격으로부터 자신을 보호하려 한다. 부정은 오래 지속되지 않는 한 건강한 반응이며, 어떤 특별한 조치를 취할 필요가 없다. 하지만 그 징후가 나타나고 수일이 지나도록 나아지는 것이 없으면, 문제 해결에 들어가야 한다. 당신은 이렇게 말할 수 있다. "지금 여러분들이 X가 현실이 아닌 것처럼 행동하고 있는데, 사실 그것은 우리의 현실입니다. 가능한 여러분들이 큰 고통이나 혼돈 없이 이 변화를 헤쳐 나가기를 원하는 저의 입장에서 여러분들의 행동이 걱정됩니다. 지금의 현실을 부정한다면, 우린 성공할 수 없을 것입니다."

슬픔 이외의 나머지 감정에 대해서도 진지하게 대처하고, 당신이 개인적으로 결부되지 않도록 하라. 방어적으로 대하지도 말고, 입장을 강요하지도 마라. 사람들에게 나타날 수 있는 몇 가지 감정과 그것을 성공적으로 관리하는 방법을 소개한다.

화 단순한 투덜거림에서부터 분노에 이르는 모든 감정. 목표가 불분명하거나 엉뚱한 대상에게 쏠리는 경우가 자주 발생한다. 화는 업무 지연, 실수, 근무 태만 등으로 연결될 수 있다. 화를 내는 것을 이해할 수 있다는 사실을 알려라. 엉뚱하게 화살이 당신에게 돌아온다고 하더라도, 당신 탓이라고 생각하지 마라. 수용할 수 있는 감정과 수용할 수 없는 행동을 구분하라. "당신의 감정을 이해는 합니다. 하지만 프로젝트를 이렇게 망치게 내버려둘 수 없군요."

거래 그 상황에서 빠져나오거나 도망치고 싶은 비현실적인 시도들. 협상을 원하거나 이 변화만 중지시켜준다면 큰돈을 절약할 수 있게 해주겠다거나 아웃풋을 두 배로 증가시키겠다는 허황된 약속을 하는 사람들도 있다. 문제 해결을 위한 시도들과 구별하도록 하고, 현실적인 관점을 유지하며, 절박한 호소나 불가능한 약속에 현혹되지 마라.

불안 말로 표현되기도 하고 안 되기도 한다. 미지의 것, 버거운 미래에 대한 현실적인 두려움, 혹은 비극적인 결말에 대한 환상. 불안은 자연스러운 것이므로, 그런 감정을 어리석은 것이라고 생각하지 마라. 필요한 정보를 계속 공급하고, 제공할 수 있는 정보가 없을 시에는 유감을 표시하라.

슬픔 침묵에서부터 눈물에 이르기까지 다양하게 표출된다. 슬픔 프로세스의 핵심. 감정을 솔직하게 표현하도록 하고, 그 감정을 공유하라. 비현실적인 희망을 심어주지 않도록 하라. 그러나 슬픔의 감정을 빨리 제거해야 한다고 생각하지 마라. 그들의 아픔을 같이 하라.

방향 상실 자기 관리가 철저한 사람에게서도 나타나는 혼란이나 건망증, 상실감이나 불안감. 지원을 아끼지 마라. 속마음을 털어놓을 수 있는 기회를 주고, 이런 상태가 자연스러운 것이며 다른 사람도 같은 기분이라는 것을 주지시켜라. 그리고 더 많은 관심을 기울여라.

우울 가라앉고 맥 빠지고 기운 없는 상태, 절망감, 만성 피로감. 슬픔이나 분노처럼, 우울증도 힘들기는 마찬가지이다. 하지만 쉽게 떨쳐버릴 수는 없다. 어쨌든 겪어야 하는 일이다. 그 감정을 이해하고 공감한다는 사실을 알리되, 노력이 필요하다는 사실을 주지시켜라. 다시 예전의 상태로 돌아갈 수 있다는 자신감을 심어줄 수 있도록 최선을 다하라.

모든 사람들이 이런 감정을 강렬하게 느끼는 것은 아니다. 또 모든 사람들이 이런 감정을 다 겪는 것도 아니다. 하지만 어느 집단이든 이런 감정이 나타날 수 있다. 그런 점에서 이런 상황을 있는 그대로 인정하고, 노력만 있다면 얼마든지 극복할 수 있는 감정이란 사실을 아는 것이 중요하다. 이러한 감정 자체가 위험한 것은 아니다. 위험한 것은 자신에게 일어나고 있는 일을 두려워하게 만드는 기제이다.

감정을 억누르고 극복을 강요하기만 한다면, 결국에는 개선되지 않는 사람들 때문에 골머리를 앓게 될 것이다. 나는 상실에 따른 슬픔을 극복하지 못해 무너지는 사람들(팀, 부서, 때론 기업 전체)을 많이 봐왔다.

상실에 대해서 보상하라

'고통이 없으면, 얻는 것도 없다(No pain, no gain)'라는 말이 있다. 하지만 고통만 있는 변화는 실패하기 쉽다. 회사는 얻는 것이 있을지 모르지만, 사람들에게는 모든 것이 상실로만 비춰지기 때문이다. 감정을 극복하도록 하는 것만으로는 성공하기 힘들다. 적극적인 방법을 찾아라. 몇 가지 예를 들어본다.

● 대규모 금융기관이 창구 직원에 대한 구조조정을 단행하면서, 재교육을 통해 대리나 감독자들이 하던 일을 창구 직원들이 대신하도록 했다. 새로운 시스템 하에서는 대리, 감독자, 창구 직원 간에 업무 구분을 두지 않았다. 그러자 대리나 감독자들이 새로 발표된 계획에 불만을 표시하기 시작했다. 사태를 파악한 관리자가 때마침 좋은 아이디어 하나를 제시했다. 대리와 감독자들을 '교육 지원 팀'으로 묶어서 회사에 필요한 교육 프로그램을 만들도록 하는 안이었다(창구 직원들에게 업무에 관한 예비지식을 주고, 신입직원을 교육하도록 한다). 비록 강등됨으로써 서열상의 지위는 낮아졌지만, 그들에게는 전문가 및 트레이너라는 새로운 지위가 주어졌다. 그들은 구조조정이 끝난 후에도 계속 새로운 역할을 유지했다. 반감은 서서히 협력과 지원으로 바뀌어갔다.

- 1980년대 초, 정부는 미 산림청에 대한 재정 지원 삭감 조치를 내렸다. 벌목산업이 사양산업이 되면서 산림청의 중추가 되었던 목재 전문가들의 입지도 차츰 줄어들었다. 대신에 생태학, 홍보, 컴퓨터 서비스, 야생 동식물학, 레크리에이션 등이 점차 중요해지기 시작했다. 예전의 산림 감독자들은 승진의 기회와 권력, 일자리를 잃게 되었다. 산림청은 손실이 발생하면 그것을 다른 곳에서 채워주어야 한다는 원칙에 충실하여, 커리어 재활 프로그램을 만들어 기회가 증가하고 있는 분야로 사람들을 진출시키는 계획을 수립했다. 심지어 산림청이 아닌 다른 곳에서 커리어를 개발하겠다는 사람들에게도 지원을 아끼지 않았다. 사람들은 여전히 상실감을 느꼈지만, 모두 슬픔 프로세스를 잘 견디고 다시 생산적이 되어갔다.

- 모 주립대학은 여러 명의 부학장 중 자질이 부족하다고 생각되는 부학장을 골라 지위를 강등하는 조치를 내렸다. 누구도 그것을 강등이라고 부르지는 않았지만, 부학장보다 중요하지 않은 자리로 전직되었다는 사실로 비추어볼 때, 강등이 아니라고 보기는 힘들었다. 모두들 예전의 부학장 자리보다는 지금의 자리가 더 잘 어울린다고 생각했다. 하지만 그는 이 인사 조치로 마음에 깊은 상처를 입었다. 그 상황에 대해 토론해본 결과, 우리는 그가 인사 조치 때문에 상처를 받았다기보다 동료들의 시선을 더 힘들어한다는 사실을 발견하게 되었다. 부학장이 이 문제에 대해 진정으로 고심하고 있는 부분이 어떤 것인지를 파악한

학장은, 인사 조치 발표 방법을 문제의 부학장과 상의하여 결정했다. 큰 타격이 될 수도 있었던 상실은 일시적인 고통으로 끝이 났고, 아까운 사람도 놓치지 않을 수 있었다.

스스로에게 자문해보라. 빼앗긴 것을 보상해주려면 무엇을 돌려주어야 하는가? 지위, 영역, 팀 멤버십, 인정? 변화 때문에 미래에 대한 통제권을 잃었다고 생각하는 사람들이 있다면, 그것을 다시 돌려줄 수 있는 방법을 생각해내야 한다. 어떤 방법이 있겠는가? 일자리를 빼앗기고 자신감을 상실한 사람이 있다면, 적절한 교육으로 다른 일을 통해 자신감을 회복할 수 있도록 도와주어야 한다. 어떤 방법이 있겠는가?

상실에 대한 보상은 모든 종류의 변화에 기본이 되는 원리이다. 중요도나 이득 면에서 큰 의미를 갖는 변화라 하더라도, 이 원칙을 지키지 않으면 성공하기 어렵다. 언론인 월트 립만은 50년 전에 이런 말을 했다. "매력적으로 보이는 악을 대체할 수 있는 매력적인 미덕을 만들어내지 못하는 혁명가의 혁명은 실패할 수밖에 없다." 품질 개선 프로그램이나 고객 서비스 프로그램을 실행할 때, 자율 경영 팀이나 새로운 장비를 도입할 때, 구조조정이나 비용 절감을 단행할 때, 항상 립만의 충고를 기억하라.

정보를 제공하라. 그리고 반복하라

　의사소통을 거부하는 데는 여러 가지 합리화가 있을 수 있다. 몇 가지 흔한 예를 들어본다.

　"아직 때가 아니야. 적당한 때가 되면 다 말해줄 텐데, 뭘. 지금 말해봐야 혼돈만 가중되지." 혼란을 피하기 위해 작은 진실을 숨기면, 결국 더 큰 불신과 화를 불러온다. 게다가 헛소문은 이미 뉴스거리가 되었으니, 더 이상 당신의 정보가 비밀이라고 생각하지 마라.

　"이미 알 사람은 다 알고 있어. 발표한 지가 언젠데." 맞는 말이다. 말은 했겠지만, 사람들의 충분한 이해를 구한 상태는 아니다. 위협적인 정보는 아주 천천히 흡수된다. 다시 한 번 말해주어라. 여러 가지 다양한 방법을 동원하여 다른 방식으로 전달하라(대규모 미팅, 일대일 미팅, 메모, 사보 등).

　"이미 감독자들에게 다 이야기했어. 직원들에게 그 말을 전하는 것은 그들의 책임이야." 감독자들 자신도 변환 과정에서 정보를 정확하게 전달해야 할 의무가 있음에도 불구하고 그 뜻을 정확하게 이해하지 못하고 있을 수도 있다. 어쩌면 스스로 변화를 부정하고 있을지도 모른다. 또한 정보는 권력이기 때문에 정보 공유에 대해 거부감을 가지고 있을 수 있다. 필요한 정보가 위에서 아래로 자연스럽게 흐를 것이라고 기대하지 마라.

"아직 우리도 자세한 사항은 몰라. 모든 것이 확정될 때까지는 무슨 이야기를 하든 소용없어." 그럴수록 사람들은 점점 더 공포에 질리고, 화를 낼 것이다. 당신이 알고 있는 사항에 대해서 이야기해주고, 더 이상은 모른다고 솔직하게 말하라. 그리고 향후 추가 정보가 제공될 시점도 알려주어라. 약속한 때가 되어서도 정보를 줄 수 없는 상황이 되거든 반드시 약속을 잊지 않고 있다는 사실을 알려라.

물론 일시적으로 정보 제공을 유보해야 할 때도 있다. 예를 들어, 증권거래소의 요구사항이거나 전략적 정보이기 때문에 경쟁자에게 누출되는 것이 염려되는 상황이 그렇다. 하지만 대부분 정보가 제때 전달되지 않는 것은 리더나 관리자들이 불편해하기 때문이다. 이러한 불편함은 장기적인 결과를 예상해서라기보다는 단순히 잠시 후에 닥칠 충격을 회피하기 위한 것이다(앞서 논의한 바 있는 '슬픔'의 징후 발견).

그런 이유 때문에 관리자들은 진실과 거짓을 반씩 적당히 섞어 이야기를 전달한다. 하지만 이런 관리자들은 종종 자기 꾀에 넘어가거나 거짓말의 일관성을 유지하기 위해 다시 다른 거짓말을 꾸며내야 하는 상황에 처한다.

끝난 것과 끝나지 않은 것을 구분하라

조직에서 끝냄으로 야기될 수 있는 가장 큰 문제 중의 하나는 혼란의 가중이다. 변화가 일어나려면, 반드시 익숙해져 있는 과거와의 결별이 선행되어야 한다. 그렇다면 어떤 것과의 결별이어야 하는가? 사장은 이렇게 말한다. "이제부터는 모든 기름을 뺀다!" 무슨 뜻일까? 공급물품 주문을 30% 줄인다는 뜻인가? 아니면 하찮은 일에는 이제부터 신경을 끄겠다는 말인가? 그것도 아니라면 일주일 40시간 근무를 포기하겠다는 뜻인가? 사장이 이렇게 말할 수도 있다. "지금부터 고객 위주로 생각하고 행동해야 할 것입니다." 이건 또 무슨 뜻일까? 지금부터 고객의 말이라면 무조건 따르겠다는 뜻인가? 무용지물인 것들, 회사 정책이나 표준 절차에서 손을 떼겠다는 뜻인가? 사장이 "관리자의 관리 범위를 50% 증가시키도록 하겠습니다"라고 했다면? 기존에 하던 일은 그대로 두면서 속도를 늘리겠다는 뜻인가? 아니면 기존에 하던 일 중 일부를 그만두게 하겠다는 뜻인가?

변화의 시기에 리더들이 해야 하는 가장 중요한 역할 중의 하나는 포기해야 할 것들을 정확하게 규정해주는 일이다. 사람들과 부딪히고 불편한 관계가 되는 것을 두려워하는 일부 리더들은 결별해야 할 부분을 정확하게 규정하는 것을 회피한다. 하지만 그렇게 하는 행동이 변화를 주도해야 할 리더 본연의 책임을 유기하는 일일 수 있음을 알아야 한다.

끝내야 할 것과 그냥 두어야 할 것을 정확하게 규정하지 않으면, 위험천만한 동시에 통제하기 힘든 세 가지 반응이 도출될 수 있다.

 과거의 것과 새로운 것 모두를 만족시키려고 애쓰는 사이, 곧 지쳐 쓰러질 것이다.

 그 결과 혼돈과 불일치가 초래된다.

 그렇게 하다가 버려서는 안 될 것까지 버릴 수도 있다.

당신이 의도하고 있는 변화의 각 측면을 숙고해보라. 그리고 무엇을 버리고 무엇을 그대로 둘 것인지 구체적으로 결정하라. 물론 그렇게 하려면 시간이 많이 걸리겠지만, 위에 기술된 세 가지 반응으로 인해 빚어진 피해를 복구하려면 더 많은 시간이 낭비된다는 사실을 명심하라.

끝냄을 기념하라

말로만 떠들지 마라. 끝냄을 극적으로 보여줄 수 있는 사건이나 행동을 취하라. 다나 코퍼레이션(Dana Coporation)의 리더로 취임한 르네 맥퍼슨(Rene McPherson)은 회사 운영에서 이상 징후를 발견했다. 무엇이든 규정에 의존하려는 조직 문화 때문에 회사 운영이 거의 질식 상태에 이른 점이었다. 믿기 어려울 정도로 상세한 규정을 정해놓고 그것에 의존하고 있었지만, 그렇다고 규정만으로 모든 문제를 해결할 수 있는 것도 아니었다. 게다가 회사 규정을 모두 기억하고 있는 사람도 없었고, 사건이 일어나면 어디서 그것에 맞는 규정을 찾아야 할지도 몰랐다. 맥퍼슨은 보편적으로 이해할 수 있는 규정 서너 개만 남겨두고 나머지는 직원들의 머리와 노력으로 해결하는 조직 문화로 바꾸고 싶었다.

그는 이런 생각을 자세히 설명했고, 변화의 시점이 다가오자 말이 아닌 행동으로 생각을 관철시켜 나갔다. 경영진 미팅 자리에서 그는 회사의 내규가 적힌 문서들을 책상 위에 쌓아놓았다. 쌓아놓고 보니 그 높이가 무려 60센티미터나 되었다. 그는 서류뭉치들을 마룻바닥으로 내동댕이쳤다. 그리고 기업 운영의 원칙만이 간략하게 적힌 종이 한 장을 집어들었다. 그는 이렇게 말했다. "이것이 우리의 새로운 내규입니다."

좀더 극적인 행동이 필요하다면, 스페인의 위대한 탐험가 헤르난도 코르테스(Hernando Cortes)의 이야기를 참고하라. 부하들과 함께 베라끄루스 해안에 도착한 그는 자신이 상상했던 대륙의 모습이 아닌 것을 알고는 놀라움을 금치 못했다. 절망적이라고 표현하는 선원들도 있었다. 아마 선원들은 차라리 대륙을 발견하지 못했더라면 더 좋았을 거라고 생각했을 것이다. 코르테스는 타고 온 배를 전부 불태웠다.

너무 가혹한 처사이긴 하다. 2장에서 설명한 소프트웨어회사를 생각해보라. 개인 기여자들을 팀 적응자로 변모시키기 위해서, 회사는 개인 공간을 허물고 대신 팀원끼리 서로 마주보고 토론할 수 있는 팀 공간을 만들었다. 업무적인 측면에서 본다면, 공간 배치를 바꾸는 것이 효율성을 증대시키는 데 더 효과적이다. 하지만 다른 측면에서도 이 사건은 중요한 메시지를 전달하고 있었다. '기존의 개인플레이 방식은 이제 버리기로 했다. 이제부터는 팀플레이 체제로 나아갈 것이다.'

과거를 존중하라

절대로 과거를 비하하지 마라. 많은 관리자들이 과거보다 훨씬 나아질 미래에 대한 열정으로 과거의 방식을 조소하고 경시하는 경향이 있다. 그런 경우 변환에 대한 저항감이 더 커질 수 있다. 이는 사람에게 과거와 자신을 동일시하는 습성이 있기 때문이다. 사람들은 과거가 공격당할 때마다 자기 존중감이 상실되는 위기를 경험한다.

그러나 과거를 비난하고 싶은 관리자들의 태도가 전적으로 그른 것은 아니다. 자신들이 원하는 변화와 과거 혹은 현재를 정확하게 구분짓고 싶은 욕망에서 비롯된 일이기 때문이다. 요령은 구분을 하되 거기에 옳고 그름의 판단이 개입되어서는 안 된다는 것이다. 두 가지 예를 들어본다.

● 구조조정을 위해 새 임원이 투입된다. 그는 기존의 조직을 비효율적이고 낡아빠진 체제라고 공격하는 대신('제정신을 가진 사람이라면 그딴 식으로 비즈니스를 운영하지는 않겠지!') 그 정도까지 조직의 발전에 기여한 점을 높이 평가한다(도약이 가능하도록 조직을 키웠다는 점에서). 전임자와의 연결성을 강조하고 새로운 도전을 맞이하여 새로운 응전이 필요함을 역설한다.

● 인사부 책임자는 부서에 오자마자 편파주의 때문에 정책에 혼선이 빚어지고 영역 다툼이 생겨났다는 사실과 그로 인해 업무 공조가 전혀 이루어질 수 없는 상황임을 간파한다. 그 점에 대해 가혹한 질책을 가할 수도 있었지만, 그녀는 핵심 인물을 선발해 고객과 접촉하도록 한다(고객이 그녀를 대신해 문제점을 지적해준다). 그런 다음 다시 핵심 멤버들을 팀워크를 통해 서비스를 개선한 조직에 파견한다. 그 후 변화에 필요한 계획 수립 및 추진을 돕는다.

과거와의 결별을 촉구할 때는 조직원들이 당신을 회피하려 하거나 조직이 나아가려고 하는 방향에서 멀어지지 않도록 각별히 주의하라. 과거의 성과를 인정하고, 그 잠재력을 실현할 수 있도록 도와주어라. 과거의 성과를 칭송하라.

과거를 전부 빼앗지는 마라

과거와 결별하되 일부는 그냥 남겨두어야 더 큰 효과를 볼 수 있다. 전염병에 걸린 듯 한 번에 모든 과거를 박멸하려 하지 말고, 조금씩 과거로부터 자유로워지도록 하라. 특히 과거의 일부를 그대로 갖고 가는 것에 대해 자책하지 않도록 해야 한다.

웨스턴 항공이 델타 항공에 매각되었을 때, 로스앤젤레스 국제공항에 있는 직원용 상점에서는 웨스턴 항공의 빨간색 로고가 찍힌 상품들이 모두 품절되는 진풍경이 벌어졌다. 알마덴 와이너리의 토지가 토지 개발자들에게 팔렸을 때, 직원들은 자신들이 가장 아끼던 소중한 일터를 잃었다고 생각했다. 특히 휴식시간이나 점심시간에 산책 장소로 많이 사용되던 장미 정원에 대한 슬픔이 컸다. 경영진은 직원들이 퇴근 후 정원에 나가 장미를 꺾어 집으로 가져간다는 사실을 발견했다. 사태의 중요성을 인식한 경영진은 결국 장미를 나눠주기로 결정했다.

과거에 대한 향수를 보다 적극적으로 이용하는 조직도 있다. 미시건 주의 북부에 위치한 프록터 앤 갬블 제지공장에서는 연감을 제작했다. 직원들은 사진도 가져오고 에세이를 쓰기도 했다. 어떤 사진은 무려 20~30년이 더 된 것들이었다. '졸업'을 앞둔 직원들을 특집으로 다루었는데, '졸업' 후의 진로에 대한 정보도 중요하게 취급되었다.

끝냄이 현재와 연속선상에 있음을 확인시켜준다

대부분의 끝냄은 공장 폐쇄나 기업 매각처럼 영구적인 것이 아니다. 사실, 대부분의 끝냄은 보다 상위의 목적을 달성하기 위한 하나의 과정일 뿐이다. 제조업자들은 구식이 된 제품 라인의 생산을 중단하고 다른 제품을 생산한다. 그래도 고객은 그 브랜드를 버리지 않는다. 병원들은 협력 없이 생존이 불가능하기 때문에 합병을 단행한다(자기 고유의 정체성을 잃는 한이 있더라도). 벤처기업이 중소기업으로 성장하게 되면, 육감에 의존한 경영 방식을 고집할 수 없다. 다시 말해, 보다 큰 전체의 목표를 위해서는 정체성의 일부를 포기할 줄도 알아야 한다.

이 아이디어를 끝냄에 적용해보면, 끝냄 기간 동안에 이상화되기 쉬운 과거도 사실은 변화의 일부분(심지어는 그 부산물)이라는 것이다. 좋았던 옛 시절을 회고하다 보면, 대개가 과거는 모든 것이 안정되어 있어 평화스럽기만 했던 시절로 각색되기 쉽다. 하지만 기업은 선택적이다. 그때도 변화는 있었다. 과거와의 단절이 성공적으로 비춰질 때마다 사람들은 변화가 일어났을 당시 느꼈던 상실감을 망각하고, 그것을 전통으로 추켜세우기 시작한다. 하지만 현재란 성공적인 변환으로 가능해진 개혁의 결과일 뿐이다(이미 사람들의 기억 속에서는 망각된 시간이다).

어제의 끝냄이 있었기에 오늘의 성공이 가능했고, 오늘은 내일의 변화를 위해 종결되어야 한다. 끝냄은 누구에게나 불편하다. 하지만 그것은 과거와의 단절도 아니고 권력의 자리에 있는 사람들이 그렇지 못한 사람들을 괴롭히기 위한 약올림의 수단도 아니다.

끝으로

상실이 직원들에게 미치는 고통을 미리 예측하고 완화시키는 방법에 대해서 강조했기 때문에, 독자들은 내가 과거를 차단하는 방법에 있어 조금씩 단계적으로 추진하는 방법을 권고하고 있다고 생각할지도 모른다. 만약 그랬다면 내 충고를 잘못 읽은 것이다. 끝냄의 프로세스를 너무 미약하게 혹은 불완전하게 경험해서는 안 된다. 그렇게 되면 상처가 치유되기도 전에 보다 더 큰 규모의 상실을 경험해야 할 일이 생기기 때문이다. 무엇이든 끝내야 할 것이 있으면 확실하게 끝내야 한다. 절대 질질 끌지 마라. 조심해서 계획을 짜고 일단 행동 개시에 들어가면, 치료에도 시간을 할애하라. 하지만 행동의 폭은 충분히 크고 넓어야 한다.

결론

조직이 변화에 실패하는 가장 큰 이유는 끝냄에 대한 숙고가 없거나 그것이 사람들에게 미치는 영향을 예측하여 관리할 수 있는 방법을 계획하는 노련함이 부족하기 때문이다. 정책 수립가나 실행자들은 미래에 대한 지나친 염려로 인해 미래를 위해서는 현재를 먼저 정리하는 것이 순서라는 사실을 쉽게 망각한다. 변화 관리에서 제일 첫 번째로 해야 할 일은 원하는 성과와 그것을 이룰 수 있는 방법을 규정하는 것인 반면, 변환 관리에서 제일 우선적으로 해결해야 할 일은 사람들이 안정적인 보금자리를 떠나도록 설득하는 것이다. 그런데 관리자들은 그 점을 종종 잊어버린다. 그 점을 기억한다면, 슬픔을 극복하는 데 많은 도움을 얻을 수 있을 것이다.

3미터 점프 두 번으로 6미터짜리 수렁을 건너뛸 수는 없다.

—미국속담

끝냄 관리하기 : 체크리스트

예　아니오

＿＿　＿＿　변화에 대해 상세하게 조사하고, 누가 무엇을 상실하게 될 것인지를 파악했는가(나 자신이 무엇을 잃을 것인지를 포함하여)?

_____ _____ 사람들의 상실의 고통이 내게는 과민반응으로 비춰
질지라도, 정작 본인들에게는 그것이 주관적으로 어
떤 경험일지 이해하고 있는가?

_____ _____ 이러한 상실의 고통을 안타깝게 생각하며, 인정하고
있는가?

_____ _____ 사람들이 슬퍼할 수 있는 기회를 주고 있는가? 또한
악의는 아니지만 슬픔이나 분노의 표현을 가로막는
행위로부터 사람들을 보호해주고 있는가?

_____ _____ 상실에 대한 느낌을 공식적으로 표현했는가?

_____ _____ 사람들의 상실을 보상해줄 수 있는 방법을 찾았는
가?

_____ _____ 사람들에게 정확한 정보를 제공하고 있는가? 또한
반복해서 하고 있는가?

_____ _____ 끝난 것이 무엇이며 아직 진행 중인 것이 무엇인지
정확하게 구분했는가?

_____ _____ 끝냄을 기념할 수 있는 방법을 찾았는가?

_____ _____ 과거를 비하하지 않기 위해 세심한 주의를 기울이고
있는가? 가능하다면 과거의 성과를 칭송하는 것도
좋은 방법이다. 그렇게 할 수 있는 방법을 찾았는가?

_____ _____ 일부지만 포기하지 않아도 되는 과거를 남겨두는 것
도 중요하다. 그 계획을 세워두었는가?

____ ____ 조직의 기반이 되는 조건이나 연속성을 보호하기 위
해서는 어떤 모습의 끝냄이 필요한지에 대해 명확한
계획을 세워두었는가?

____ ____ 끝냄은 조금씩 해결할 문제가 아니다. 한 번에 완료
할 수 있을 만큼 폭넓은 끝냄을 계획해두었는가?

마지막 질문

끝냄을 성공적으로 해결하는 것을 도우려면 어떤 행동을 취해야
하는가? 변환 관리의 여러 측면 중 지금 이 시점에서 필요한 조치는
무엇인가? 아래 빈 공간에 간략하게 그 내용을 적어라.

4장

중립지대로 인도하기

변화를 두려워하는 마음과 과거에 대한 애정은 교차한다고 하지만, 그것이 그리 강한 것은 아니다. 우리가 두려워하는 것은 중간지대이다. 마치 곡예용 그네를 타는 것과 같은 그런 느낌일 것이다. 안심 담요를 세탁기 속에 집어넣었을 때의 라이너스처럼, 의지할 것은 아무것도 없다.

— 마릴린 퍼거슨, 미국 미래주의자

아주 장시간 육지를 볼 생각을 포기하지 않고서는 새로운 땅을 발견할 수 없다.

— 앙드레 지드, 프랑스 소설가

과거와의 결별이 변환 관리에서 가장 힘든 부분이라는 사실을 인정하기가 무섭게, 당신은 과거와 현재가 혼재하는 새로운 단계로 진입해야 할 것이다. 사람들은 서로 충돌을 일으키는 시스템 사이에 끼여, 죽느냐 사느냐를 고민했던 햄릿과 같이 이러지도 저러지도 못하는 상황에 처하게 될 것이다. 아니면 양쪽 시스템 모두 붕괴하는 사태를 맞이하게 될지도 모른다. 그렇게 되면, 어느 고객의 지적처럼 조직의 구성원들은 '피폭 후의 정적 상태'와 같은 참혹함을 경험해야 할 것이다.

이런 시기가 오래 지속되지 않는다면 문제는 간단하다. 그저 빨리 지나가기만을 기다리면 된다. 하지만 변화의 폭이 광범위하고 깊을 때는 몇 달이 걸릴 수도, 때로는 몇 년이 걸릴 수도 있다. 마릴린 퍼거슨이 적절하게 표현해주었지만, 이 기간 동안 당신은 그네타기 곡예사가 된 듯한 느낌을 받게 될 것이다. 타고 있던 그네를 저편으로 보내고, 아무것에도 의지하지 않은 채 다른 그네가 오기만을 간절히 고대하는 사람처럼.

엄청나게 힘든 시기

설상가상으로 상사는 조급해하며 당신을 다그칠 것이다. "이거 실행하는 데 얼마나 더 걸릴 것 같아?" 당신은 상사의 목소리에서 이미 너무나 많은 시간을 잡아먹었다고 질책하고 있음을 직감한다. 당신도 뭔가 긍정적인 이야기를 해주고 싶지만, 섣불리 그런 약속을 해서는 안 된다는 사실을 잘 알기에 그러지 못한다. 좌절과 긴장이 증가하고, 모든 사람들이 게으름을 피우는 것만 같다. 그리고 우수 인력들이 다른 곳에 이력서를 보내고 있다는 소문도 들려온다.

변환 프로세스의 중간 단계에 온 것을 환영한다. 대부분의 언어권에는 이 시기를 적절하게 지칭해줄 수 있는 단어가 없다. 나는 이 시기가 중간에 끼인 시기이면서 동시에 어느 한 부분을 꼭 집어서 지적할 수는 없다는 점에서 광범위한 의미로 '중간지대' 라 부르고 싶다. 이 시기에 들어서면, 과거(was)와 미래(will be) 사이에 꽉 매여서 앞으로의 진전은 생각할 수도 없게 된다. 중립지대는 조직생활의 특징인 것만은 아니다. 개인의 삶이나 공동체의 역사에서도 중간지대는 있다. 예를 들어, 1990년대 소련은 공산주의 붕괴 이후 시작된 중립지대에서 빠져나오기 위해 힘든 시기를 보내야 했다.

그림 4.1은 중립지대가 무엇이며 왜 그것이 존재하는지를 보여준다. 이 시기에는 과거의 명확하고 분명했던 것들이 붕괴되고, 모든 것이 유동적이 된다. 만사가 모호해지는 것이다. 더 이상 확실한 것은 없고, 다양한 가능성이 존재하게 된다. 어느 누구도 해답을 알 수 없다. 같은 것을 보고도 전혀 다른 것을 말할 수 있는 시기이기도 하다.

중립지대의 위험은 몇 가지 뚜렷한 양상을 지닌다.

첫째, 불안이 증가하고 사기가 떨어진다. 방향감각을 상실했다고 느끼며, 자기회의에 빠진다. 화를 내는 일이 잦아지며, 자기보호에 급급하다. 업무가 아닌 모방에 모든 에너지가 새어 나간다. 최근 합병에 성공한 중소기업의 관리자들은 작업 효율성이 50%까지 감소한것으로 추정하고 있다.

둘째, 다른 어느 때보다 업무 능률이 떨어진다. 아무리 잘해도 생산성은 떨어지고, 최악의 경우에는 의료 소송이나 장애 신청이 급격히 증가한다. 모 은행에서는 인력을 감축했을 때 의도적인 장기결근이 세 배나 증가했다. 그 은행 관리자들을 대상으로 세미나를 계획했던 적이 있었는데, 핵심 관리자 중 일부가 병가를 내는 바람에 일정을 잡는 데 무진장 애를 먹었다.

사람은 변화에 노출되었을 때, 병의 침입을 받는다.

— 헤로도토스, 그리스 역사가

셋째, 수습이 끝났다고 생각했거나 대충이라도 해결되었다고 판단되었던 약점들이 다시 만개한다. 고객 서비스가 취약 부분이었다면, 중립지대에서는 그 부분이 더 악화된다. 리더들에 대한 신뢰가 무너지면, 터무니없이 높이 책정된 임원들의 퇴직 보상금에 대한 불만이 불거져 나온다. 조금씩 나아진다고 생각했던 문제들(홍보, 감독 문제 등)이 갑자기 악화되기도 한다.

넷째, 중립지대에서는 업무가 가중되고, 일관되지 않은 신호들이 난무한다. 시스템은 유동성이 증가하여 신뢰하기가 힘들어진다. 우선순위에 혼돈이 생기고, 정보가 잘못 전달되고, 중요한 업무들이 기약 없이 지연된다. 불확실성과 좌절감이 커져서 조직의 미래를

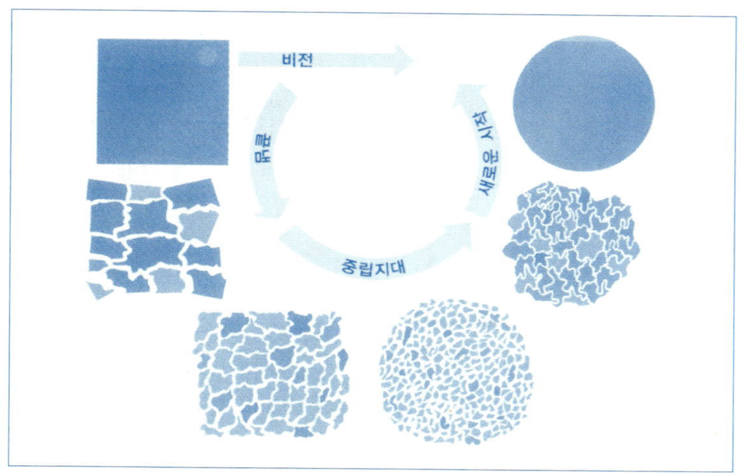

그림 4.1 변환 : 사각형이 원으로 바뀐다

불신하게 되고, 동요가 늘어나는 것 또한 자연스러운 일이다.

다섯째, 중립지대의 모호함이란 특성 때문에 구성원들이 양극화되기 쉽다. 어떤 이들은 앞뒤 가리지 않고 돌진하기를 바라고, 어떤 이들은 과거의 방법으로 돌아가기를 원한다. 이런 양극화 현상의 압박 하에서 의견 충돌이 잦아지고 그 수위도 높아진다. 조직에 대한 충성심이 훼손되고 팀워크도 훼손된다. 관리를 잘해주면 이런 현상은 일시적으로 그치고 말겠지만, 관리가 부실하면 영구적인 혼돈으로 귀결될 수도 있다. 이런 이유 때문에, 중립지대에서 영원히 벗어나지 못하는 조직들이 생겨난다.

마지막으로, 호전적인 시대를 살았던 역사가 헤로도토스가 살아 있었다면 했을 법한 지적이다. 중간지대를 통과하는 조직은 외부로부터의 공격에 취약하다. 지치고 평상심을 잃은 조직원들은 외부의 공격에 민첩하게 대응하지 못한다. 직원들이 화가 나 있거나 복수를 생각하고 있다면, 일부러 외부의 공격에 대한 조직의 대처를 방해하고 나설 수도 있다.

중차대한 변화를 이루고자 할 때 중립지대가 그토록 중요한 의미를 가지는 까닭은 이런 이유에서이다. 중립지대의 관리란 시간이 허락하면 하고 그렇지 않으면 두시해도 되는 그런 문제가 아니다. 중립지대를 무사히 통과하고 조직에서 원하는 방식으로 변화가 일어나게 하기 위해서는, 반드시 중립지대의 관리가 필요하다. 시간이 넉넉지 않다고 말하는 것은 상황을 제대로 파악하지 못한 행동이다. 중립지대의 관리가 제대로 되지 않으면, 변화를 위한 노력은 실패를 거듭해야 할 것이다. 그런 점에서 볼 때 관리를 제대로 하는 것이 오히려 시간을 절약하는 것이다. 과거의 방식과 새로운 방식 간의 차이를 극복하여 조직이 와해되지 않고 무사히 이 시기를 빠져나갈 수 있도록 하기 위해서는, 반드시 중립지대의 관리가 선행되어야 한다.

그러나 창의적일 수 있는 시기

모든 일이 너무 순조롭게만 진행되면, 변화를 시도하는 것 자체가 불가능할 수 있다. '망가지지 않으면 굳이 고칠 필요가 없다'라는 속담이 있듯이 말이다. 정답을 알고 있다고 확신하는 사람들은 질문을 하지 않는다. 그리고 질문이 없는 사람들은 현재의 상태를 문제 삼지도 않는다. 문제제기가 없는 조직은 잘못을 알려오는 신호도 인식하지 못한 채 부지불식간에 큰 위험 속으로 빠져들게 된다.

가끔은 위기를 경험한 조직의 구성원이나 해당 주제에 대해 잘 모르는 외부인에 의해 혁신적인 해결 방안이 탄생하기도 한다. 달궈진 공기로 철의 탄소 성분을 제거하는 공법을 개발하여 철 생산 프로세스를 완성했다는 평가를 받고 있는 영국의 발명가 헨리 베세머(Henry Bessemer)가 이 예에 속한다. 그는 제철 프로세스에 대해 거의 아는 바가 없었다. 그는 이렇게 말했다. "다른 사람들보다 문제 해결에 있어 훨씬 더 유리한 점이 많았다. 원래 알고 있었던 게 전혀 없었기 때문에 고정관념도 없었고, 편견을 가질 필요도 없었다. 존재하는 것은 무조건 옳다고 하는 일반적인 믿음으로부터도 자유로웠다."

명확한 체계나 징후가 나타나지 않는 중립지대는 분명 혼돈의 시기이다. 하지만 이러한 점 때문에 안정적인 시기에 비해 창의적인 아이디어가 환영받을 수 있는 가능성이 더 커진다. 중립지대에 이르면, 사람들은 자연스럽게 베세머의 상황에 처하게 된다. 그리고 그런 상황이 되면 창의력이 발현될 수 있는 기회도 같이 증가한다.

따라서 당신이 해야 할 일은 두 가지이다. 첫째는 중립지대를 한 번에 실수 없이 빠져나갈 수 있도록 돕는 것이다. 둘째는 이 시기의 특징인 혼돈을 최대한 활용하여 혁신적인 분위기가 조성되도록 하는 것이다. 중립지대를 통과하는 길은 사실 매우 험난하다. 하지만 준비만 잘해두면 쉽게 통과할 수도 있다. 도움이 될 만한 비법 몇 가지를 적어본다.

중립지대 일상화하기

중립지대를 통과할 때 가장 크게 문제가 되는 점 하나는 대부분의 사람들이 중립지대의 특성을 제대로 이해하지 못한다는 사실이다. 사람들은 과거에서 미래로 곧장 달음질치기를 원한다. 하지만 이것은 길을 건너는 것처럼 간단한 일이 아니다. 기존의 정체성을 버리고 새로운 정체성을 얻는 일이기 때문에 많은 시간이 소요된다.

_미국 속담

중립지대는 모세가 이스라엘 민족을 데리고 건넜던 사막에 비견될 수 있다. 모세가 그 사막을 건너는 데는 40년이란 시간이 걸렸다. 길을 잃어서가 아니라 이스라엘 민족이 약속의 땅에 들어가기 전에 이집트를 알았던 전 세대가 모두 죽어 없어져야 했기 때문이었다. 곧이곧대로 받아들인다면 정말 실망스러운 말이다. 이전 세대가 다 죽어야 변화가 일어날 수 있다는 말이니까. 하지만 조금만 수위를 낮추면 그렇게 위협적이거나 실망스럽지 않다. 새로운 현재를 준비하기 위해서는 과거의 관점, 태도, 가치관, 자화상, 사고방식 등이 모두 죽어 없어져야 한다는 뜻으로 받아들이면 된다. 모세는 이스라엘 민족을 데리고 이집트를 빠져나오는 데는 성공하였다.

끝냄을 성공적으로 처리했다는 뜻이다. 하지만 중립지대인 사막에서 장장 40년이란 긴 시간을 방황해야 했다. 이스라엘 민족에게서 이집트라는 정체성을 제거하는 것이 그만큼 힘들었기 때문이었다. 물론 당신에게 40년이란 시간이 필요하지는 않을 것이다. 그러나 단 몇 주로 끝낼 수는 없다.

때때로 그렇게 보일 수도 있겠지만, 중립지대는 의미 없는 기다림이나 혼돈으로 시간을 낭비하는 시기가 아니다. 방향의 재정립과 재정의가 이루어져야 할 시기고, 사람들도 응당 그 점을 이해해야 한다. 계절에 비유하면 땅 밑에서 봄을 준비하는 겨울과 같은 시기이다.

중립지대에서는 다소 혼란스럽고 걱정스러운 것이 자연스러운 현상임을 인식할 필요가 있다. 기존의 관념들이 사라지고 새로운 것이 그 자리를 대신하게 되면, 직원들은 리더에 대한 불신과 오해를 키울 수 있다. 모순과 주저함이 커질수록, 해답에 대한 갈망도 늘어간다. 중립지대에서 조금이라도 길을 아는 것처럼 보이는 사람들을 무작정 따라 나서려고 하는 것도 이러한 이유 때문이다(트러블메이커나 출구로 빠져나가는 사람들을 쫓아가는 것도). 이런 점에 비추어본다면 혼란과 동요가 증가하는 것은 극히 당연한 일이다(심지어 모세도 이런 문제점을 안고 있었다. 당시 사람들은 그 일이 경외하는 신을 섬기는 일이라고 생각했는데도 불구하고 말이다).

중립지대를 재정의하라

때로는 중립지대에 대한 정의를 변경할 필요가 있다. 폐업을 앞둔 모 제조업체에서는 공장 폐쇄 계획을 공식적으로 선언한 시점부터 실제로 공장 가동을 그만두기까지의 과정을 '배가 가라앉는 것'에 비유하였다. 이 메타포를 들은 사람들은 당연히 빨리 배에서 내려야겠다는 생각을 갖게 되었고, 회사는(실제로 공장 문을 완전히 닫기 전까지는 생산을 그대로 유지해야 하는 입장) 공장 문을 닫을 준비가 다 되기도 전에 생산성이 떨어지는 위기를 경험해야 할 지경에 이르렀다.

회사 측으로서는 생산성에 피해를 주지 않을 다른 메타포가 필요했다. 그래서 '마지막 항해'라는 신조어를 만들어냈다. 그 메타포는 사람들의 불행에 대한 설명이면서 동시에 그 상황의 긍정적인 측면을 강조하는 기능이 있었다. 이 마지막 항해의 시간은 조직이나 조직원 모두에게 득이 되어야 하는 시간이었다. 기업은 공장의 아웃풋이 필요했고, 구성원들은 시장성을 향상시킬 수 있는 시간이 필요했다(기술 연마, 커리어 전략 프로그램 수강, 경험 쌓기 등).

배가 항구에 닿아 무사히 육지에 정박했을 때 사람들은 힘든 항해를 마친 것에 대해 무한한 자부심을 느꼈다. 밝혀진 대로, 공장 아웃풋은 원래 수준을 회복했고, 발표가 있은 지 4개월 후에는 오히려 상승하는 뒷심을 발휘하기도 했다. 마지막 달에는 개인별 실적이 무려 두 배나 뛰어오르는 쾌거를 내기도 했다. 이 회사의 '마지막 여행'은 굉장히 고무적인 것이었다. 그래서 그런지 회사는 그런 식으로 몇 달만 더 공장을 가동하면 위기를 극복하고 더 큰 돈을 벌 수 있겠다고 생각하는 듯했다. 하지만 조직원들의 생각은 달랐다. 그들은 그렇게 밀고 나가는 것이 회사에 이용당하는 거라고 판단했다(초기의 단결력은 보기 드문 것이었다). 그러자 생산성이 다시 곤두박질치기 시작했다. 변환 관리는 반드시 윈윈에 기반해야 한다.

이런 이야기는 단순한 말장난처럼 보일 수 있다. 하지만 여기서 사용된 두 가지 메타포는 동일한 사건에 대한 전혀 다른 두 관점을 대표하고 있다. 마지막 항해라는 메타포가 그 상황을 없애주지는 못한다. 하지만 그 메타포는 그 상황에 목적을 부여하는 반면, 침몰하는 배의 메타포는 사람들에게 절망감을 선사한다. 새로운 메타포에는 '이 상황을 최대한 잘 이용하자'란 메시지가 들어 있는 반면, 기존의 메타포에는 '가능한 빨리 여기서 도망쳐라'라는 메시지가 들어 있다.

한편 공장의 생산성을 중시했던 리더들이나 본사 사업부의 관리자들은 말로만 새로운 방식을 떠들어대지 않았다. 그들은 행동으로 옮겼다. 직원들이 직접 목도하고 거기서 혜택을 받을 수 있는 교육 프로그램과 재배치 프로그램을 적극적으로 펼쳐 나갔다. 회사 측은 남아 있는 직원들을 위해 적정 수준의 인센티브를 제공하고, 본사와의 협상을 통해 일자리를 주선해주었다.

중립지대를 위한 임시 가동 시스템을 만들어라

사람들이 쉽게 지치고 방향감각을 상실하게 되는 중립지대를 체계적으로 극복할 수 있는 방법에는 어떤 것이 있을까?

● 균형감각을 회복할 수 있는 시간을 주면서 더 이상의 변화가 일어나지 않도록 한다. 조직의 구성원들을 보호해주기 위한 조치인데, 물론 항상 성공할 수 있는 것은 아니다. 새로 제정된 정부 규제 때문에 방해를 받을 수도 있고, 경쟁사가 출시한 신상품이 당신 회사의 영업실적에 타격을 줄 수도 있다. 하지만 많은 경

우 방향을 선회할 수 있고 적어도 연기할 수 있다. 그렇게 안
되면, 새로운 변화들을 한데 묶어 보다 큰 범위의 변화 안에 포
함시켜라. 변화의 종류가 아무리 많다 해도 일관성이 있고, 전
체 속에 포함될 수 있는 것이라면 얼마든지 해결 가능하다. 하
지만 연관성도 없고 예측할 수도 없는 변화들은 소규모의 변화
라고 해도 버거울 것이다. '이미 무거운 짐을 지고 있는 낙타에
게는 지푸라기 하나라도 치명타가 될 수 있다'는 속담도 있지
않은가.

● 정책이나 절차들을 검토해보고 그것이 중립지대의 유동성 해결
에 도움이 될 만한 것인지를 확인하라. 지금 사용되고 있는 규정
은 지금처럼 변화가 많지 않았을 때 만들어진 것이다. 새로운 상
황에 대처하기 위해서는 새로운 정책이 필요하지 않겠는가. 예
를 들어, 업무 분류, 우선순위 결정, 교육시간 배정, 의사 결정과
관련된 정책 등. 또한 과제 할당, 업무 과부하 처리, 교육 요구
파악, 회의 일정 수립을 위해서도 차별화되는 절차가 필요하지
않겠는가.

● 관련된 질문들을 고려해보라. 사막을 통과해 가려면 새로운 역
할이나 서열, 새로운 조직도가 필요하지 않겠는가. 모세는 장인

이드로(Jethro)의 도움을 받아서(인류 최초의 조직 개발 컨설턴트) 의사 결정 프로세스의 구조를 바꿨다. 그는 임시로 의사 결정자인 '사사(士師)'를 정해놓고, 사람들을 그 밑에 나누어 배치시켰다. 중립지대에서는 위계질서가 붕괴되는 일이 종종 발생한다. 그리고 태스크포스 팀이나 프로젝트 팀과 같이 다양한 사람들이 모인 집단이 그렇지 않은 집단보다 훨씬 더 높은 능률을 보인다. 이런 경우에는 임시 직함을 마련하거나 대리 관리자를 두는 것도 한 방법이다.

● 장기 목표보다는 단기 목표를 제시하고, 중간에 포인트가 될 만한 지점을 만들어주어 일찍 지치지 않도록 배려한다. 이 시기에 사람들은 쉽게 지치고 낙담한다. 중립지대에서는 별 쓸데없는 일들만 자꾸 일어난다는 생각이 들기도 쉽다. 그렇기 때문에 한 발자국 양보하는 한이 있더라도 구성원들이 성취감을 느끼는 것이 중요하다. 그래야 상실감이나 무의미, 자기회의 같은 부정적인 감정과 맞설 수 있다.

● 중립지대에서는 목표를 높이 잡을 필요가 없다. 높은 목표는 실패의 구실이 될 뿐이다. 목표를 모호하게 설정해놓고 달성하지 못하면 여러 사람이 낙담하게 된다. 당신이 낯빛을 붉힌다면 직원들은 더욱더 의욕을 상실할 것이고, 상사들도 화를 낼 것이다. 당신은 상사에게 높은 목표를 정해놓고 그것에 못 미치는 것보다는 적당한 목표를 설정하고 성공시키는 것이 더 효과적이라는 사실을 이해시켜야 한다. 후자의 방법은 구성원들의 기

를 살려줄 수 있지만, 전자의 방법은 모든 것을 앗아간다. 상층의 경영진은 실적이 부진한 것을 굉장히 싫어한다. 그러므로 현실적인 아웃풋 목표를 설정하는 것이 중요함을 주지시켜라.

● 중립지대의 성공적인 관리를 위해 감독자나 관리자가 배워야 할 것인 무엇인지 찾아보라. 그리고 그 주제에 맞는 교육 프로그램을 제공하라. 세미나의 주제에는 여러 가지가 있을 수 있다. 문제 해결, 팀워크 형성, 변환 관리 기술 등.

그룹 내부의 단결력을 강화하라

중립지대는 외로운 곳이다. 이 기간에는 많은 사람들이 고립감을 호소한다. 특히 주변을 이해할 수 없는 상황에서는 더욱 그렇다. 앞서도 언급했지만, 이런 상황이 되면 과거에 묻어두었던 문제들이 다시 표면화되고, 분노도 다시금 고개를 든다. 이런 이유 때문에 중립지대에서는 그룹 멤버들 간의 일체감이나 유대감을 조성하는 일이 무척 중요하다.

항공 우주 관련 장비를 생산하는 모 업체에서 구조조정을 실시한 적이 있었다. 그 회사는 거의 1년 동안 현장 총책임자와 각 그룹 책임자가 매주 만나 점심식사를 같이 하면서 유대감을 쌓아 나갔다. 식사를 하는 동안 총책임자는 들어오는 질의에 빠짐없이 답변을 해주었고, '사막생활'을 하는 데 도움이 될 만한 제안들을 받아들였다. 한 주 한 주 거듭되면서 프로젝트 팀이나 부서원들 간에는 신의가 쌓여갔고, 리더와의 연대감도 더 강화되는 것이 눈에 보였다.

모 식품 가공업체의 경영진은 직원들의 참여를 보다 빨리 유도해 내기 위해 '가족의 날'을 만들었다. 그날에는 공장 문을 닫고 그 지역의 테마파크를 빌려 모임을 가졌다. 블루칼라와 리더들 혹은 중간 관리자층을 어울리게 하는 이벤트와 더불어, 중립지대의 혼돈으로 인해 사이가 서먹해진 그룹들을 어울리게 할 수 있는 이벤트가 기획되었다. 관리자들은 회사를 위해 일하는 직원들의 가족을 만나고, 그들에게 확신을 심어주기 위해 각고의 노력을 기울였다. 그 결과는 바로 다음날부터 분명하게 나타났다. 불안감은 줄어들었고, 관리직과 실무직 간의 유대감이 증가했다. 그리고 생산성도 눈에 띄게 향상되었다.

커뮤니케이션은 사람들 간의 소속감이나 연대감을 향상시키는 데 크게 이바지한다. 많은 기업들이 중립지대에 있는 직원들과의 연대를 위해, 그리고 관심을 표명하기 위한 도구로 뉴스레터를 이용해왔다(인쇄물이나 온라인을 통해서). 중립지대에서는 사실 공개 발표나 메모를 이용해야 할 만큼 다양한 정보가 생산되지 않는다. 또한 중립지대에 적합한 의사소통 채널이 부재한 경우에는 소문이 증폭되고, 구성원들은 불안과 냉담 사이에서 줄타기를 하게 된다.

본부 사옥을 옮기는 계획에 착수했던 모 기업에서는 일의 진행 상황을 알리고, 쓸데없는 소문들을 불식시키기 위한 방편으로「변환 뉴스」라는 것을 만들어 발행했다. 그리고 이사 갈 지역의 학교, 의료 시설, 쇼핑 센터, 부동산, 기타 여러 가지 정보를 실었다. 사람들의 질문은 '편집자에게 보내는 편지' 란을 통해 해결했다.

캘리포니아 주 산타클라라에 있는 인텔 칩 제조 공장은 뉴스레터를 통해 일자리를 공모하고, 여러 가지 광고(구직 관련 세미나, 바비큐 파티 등)나 정보(다른 곳으로 전출되는 사람들의 인사말 등) 등을 알렸다.

미시건 주 체보이간에 위치한 프록터 앤 갬블 제지공장에서는 공장 폐쇄를 준비하는 몇 달 동안 직원들과의 커뮤니케이션을 유지하는 방법의 일환으로 뉴스레터를 이용하기로 하였다. 뉴스레터에는 다양한 기사가 실렸다. 다른 지역의 공장으로 전출가게 된 사람들을 소개하는 글, (스스로를 '변환 카운슬러' 라 칭하는) 지역의 노동자 지원 센터 전문가가 쓴 칼럼, 연감 제작의 진행 상황, 중고 자동차, 가전제품, 댄스파티복 판매 광고 등.

위의 경우와 같이, 뉴스레터는 고립감과 혼란스러움 때문에 괴로워하고 있을 사람들을 연결해주는 중요한 매개 역할을 한다. 그리고 우연의 일치인지, 세 조직 모두 다른 조직들이 겪는 어려움 없이 무사히 중립지대를 빠져나갈 수 있었다.

중립지대에서는 구성원들 간에 위화감을 조성할 수 있는 행동을 각별히 조심해야 한다. 이 시기에 처하게 되면, 사람들은 '우린 모두 같은 배에 타고 있다'는 느낌을 받기를 원한다(이 또한 바람직한 메타포이다). 모두가 같이 겪어야 할 일이라면 불편함 정도는 감수할 수 있다고 생각하기 때문이다. 하지만 인맥이나 직위 때문에 특별대우를 받는 사람들이 있다면, 문제는 달라진다. 몇몇 사람들이 아무렇지도 않게 생각하고 즐겨왔던 특권으로 인해 이 문제가 크게 불거질 수도 있다. 임원들에게 돌아가는 비즈니스 클래스 항공권, 스태프들에게 할당되는 특별 주차 공간, 임원들만을 위한 고급 식당 운영 등은 평상시와 다르게 크게 문제될 수 있다. 일선의 직원들은 생고생을 하는데 일부 고위층 관리자들만 호의호식한다면, 분노를 느끼지 않을 사람이 어디 있겠는가.

변환 모니터링 팀을 활용하라

변환기 동안 지속적으로 나타나는 문제점 중 한 가지는 의사 결정자나 실행자들이 결정된 사안을 행동으로 옮길 때, 그것이 미치는 결과를 정확하게 예측할 수 없다는 점이다. 리더들은 일반적으로 필요한 피드백이 정해진 채널을 통해서 잘 올라오고, '어떻게 되어가나?' 이 한마디에 원하는 대답을 다 들을 수 있을 것으로 기대한다. 하지만 이 순진한 질문에 대한 대답은 위로 올라가면서 걸러지고, 때로는 차단되고, 필연적으로 왜곡된다. 유나이티드 항공의 CEO였던 에드 칼슨(Ed Carlson)은 이 현상을 가리켜 'NETMA(Nobody Ever Tells Me Anything, 정보를 주는 사람은 아무도 없다)'라고 했다.

변환 모니터링 팀이 필요한 이유가 여기에 있다. 변환 모니터링 팀은 가능한 다양한 그룹에서 선발한 직원들로 구성하는 것이 좋으며, 대개 7명에서 12명 정도가 적당하다. 매주 혹은 2주에 한 번씩 만나서 변환 프로세스를 모니터링한다. 이 기구는 의사 결정 권한을 갖지 않으며, 행동 지침을 권고할 의무도 없다. 이 팀의 목적은 직원들의 피드백을 상층의 책임자에게 정확하게 전달하는 것에 있다. 그 외 세 가지 주요 목적은 다음과 같다.

첫째, 변환 모니터링 팀의 존재감으로도 조직이 조직원들에게 지대한 관심을 가지고 있음을 표현할 수 있다.

둘째, 변환 모니터링은 효율적인 포커스 그룹의 일종으로서, 계획이나 정보가 발표되기 전에 미리 검토하는 기능을 한다. 리더에게 '그 이야기는 하지 않는 게 좋겠습니다. 그런 말씀을 하시면, 직원들은 이렇게 생각할 것입니다'라는 직언을 해주는 것도 변환 모니터링 팀의 역할이다.

셋째, 변환 모니터링 팀은 조직에 떠돌아다니는 근거 없는 소문의 집거지가 될 수 있다. 따라서 잘못된 정보를 수정하고 소문을 반박하는 역할도 변환 모니터링 팀에 있다.

변환 모니터링 팀을 활용할 때에는 몇 가지 사항에 주의하라. 첫째, 변환 모니터링 팀 본래의 목적에서 벗어나지 마라. 변환 모니터링 팀이 의사 결정 기구라던가 '변환을 관리한다'는 인상을 주어서는 안 된다. 변환 모니터링 팀은 단순히 모니터링만 한다. 둘째, 모니터링 팀의 책임을 기존의 관리자에게 맡기지 마라. 기존 관리자들은 이미 다른 책임이 있기 때문에, 편견 없는 보고서를 제출할 수 없다. 특별 기구를 만들고, 조직 내 다양한 부서의 구성원들을 골고루 참여시켜라. 셋째, 리더와 접촉할 수 있는 사람을 꼭 포함시켜서 리더십과 긴밀한 관계를 유지하도록 하라. 넷째, 기한을 정하라. 처음 시작부터 활동 정지일을 정해놓고(물론 변경 가능하다), 지금의 상황이 매우 중요하기 때문에 이 태스크 그룹이 꼭 필요하다는 사실을 주지시켜라. 마지막으로, 변환 모니터링 팀에서 충고하는 내용을 무시하지 마라. 제기된 사안을 어떻게 처리했는지에 대해 주기적으로 보고하고, 전부는 아니더라도 최소한 몇 가지는 실행에 옮기도록 하라.

중립지대 창의적으로 활용하기

사막과 같은 중립지대를 안전하게 빠져나가기 위해서는 중립지대에 맞는 시스템을 임시적으로 가동하는 것이 중요하겠지만, 그것만

가지고는 충분치 않다. 중립지대에서는 보다 새롭고 보다 발전된 것이 환영받기 때문에 상투적인 것이나 일상적인 것에는 균열이 발생하게 되는데, 이러한 특성을 집중적으로 활용하라. 중립지대에서는 혁신을 방해하는 요소들이 힘을 잃는다. 모든 것이 불확실하기 때문에, 사람들은 새로운 것의 시도에 대해 관대하고 능동적이 된다.

모든 조직에는 자연 발생적으로 생겨난 '면역 시스템'이란 것이 있어서 익숙하지 않은 것, 그래서 식별 불가능한 것들을 걸러낸다. 면역 시스템이 없다면 낯선 세균들이 뿌리를 내려, 조직의 안정성이나 지속성을 유지하는 일이 힘들어질 것이다. 지속성을 통해서 조직원들은 정체성을 확보한다. 하지만 면역 시스템에 장점만 있는 것은 아니다. 나쁜 세균들을 걸러낼 때, 좋은 세균들까지도 함께 걸러지고 사살될 위험이 있다. 변환 전의 면역 시스템은 본질적으로 창의력을 질식시키게끔 되어 있다. 그리고 변환 후의 시스템이 제아무리 억압이 없고 자유롭다 하더라도 창의력이 마음껏 발산되는 환경이 되기는 힘들다. 새로운 경험이 그 싹을 틔우기 위해서는 면역 시스템의 약화가 불가피한데, 조직에서 이것이 가능한 시기는 중간지대뿐이다.

앞서 논의한 임시 가동 시스템을 제공하고 새로운 경험을 적극

권장한다면, 혁신의 분위기는 자연스럽게 조성될 것이다. 창의력 향상에 도움이 될 수 있는 방법을 몇 가지 소개한다.

- 중립지대가 성찰의 시간, 평범한 것에 문제제기를 할 수 있는 시간, 조직의 문제점을 해결할 수 있는 참신하고 창의적인 아이디어를 제시할 수 있는 시간임을 말과 행동으로 주지시켜라. 왜 지금과 같은 상태가 창의성을 질식시키는지, 그리고 왜 중립지대가 새로운 아이디어를 생산하고 시험할 수 있는 최적의 시기인지 설명하라. 시간이 지체되더라도 몸소 어떤 방식으로 문제제기를 하는 것이 좋은지 보여주어라. 당신에게 결정권이 있는 정책이나 절차들을 검토하라. 다른 사람의 행동을 바꾸는 데 있어, 몸소 시범을 보이는 것만큼 효과적인 방법은 없다.

- 조직적·개인적 차원에서 성찰할 수 있는 기회를 제공하라. 수련회, 정책 검토, 설문 조사, 개선 방안 제안 캠페인 등을 기획하라. 커리어를 점검하고, 흥미가 가는 부분에 노력을 재집중할 수 있는 기회를 제공하라. 이런 조치로 새로운 아이디어가 나오면 수용하고, 그 후의 진행 상황을 지속적으로 알려주어라. 좋은 아이디어가 나왔을 때, 무시하거나 쉽게 망각하는 것만큼 빨리 조직원들의 노력을 무력화하는 것도 없다.

존재하는 것은 변화하는 것이고, 변화하는 것은 성숙하는 것이며, 성숙하는 것은 끊임없이 스스로를 재창조하는 것이다.

__앙리 베르그송, 프랑스 철학자_

● 발견이나 혁신과 같은 기법에 관해 교육하라. 창의적인 사고력
계발이나 혁신에 관한 워크숍이 필요한 때이다. 이런 노력들은
흔히 좋은 결실을 맺기도 전에 실패하는 경우가 많은데, 그 이유
는 교육이 틀려서라기보다는 때를 잘못 골랐기 때문이다. 면역
시스템이 강력할 때에는 이런 교육이 소용없다. 그러나 중립지
대에서는 시도해볼 만하다. 틀에 박힌 일상에서 벗어나고 싶어
도 방법을 몰라 그렇게 하지 못하는 사람들에게 도움을 주어라.

● 실험을 권장하라. 조직의 구성원이라면 누구나 새로운 것에 도
전해보고 싶은 욕망, 문제존에 대한 해결 방안을 직접 찾아보고
싶은 소망이 있을 것이다. 하지만 도전에 대한 지원이 없기에
사람들은 아이디어가 있어도 그냥 썩힌다. 종종 일반인들에게
실험은 권력자의 인정을 받아야 하는 일로 비치기도 한다. 인정
은 다른 사람이 아니라 당신이 주는 것이다. 개선해야 할 사항
은 수없이 많다. 수없이 많은 개선안들이 현실화되기만을 고대
하고 있음을 알게 된다면, 놀라지 않을 수 없을 것이다.

___

두 가지 악 중에 한 가지를 놓고 선택해야 할 때, 나는 항상 시도해보지 않은
것을 선택한다.

매 웨스트, 미국배우

● 색다른 해결 방법을 원한다면 손실, 실패, 불이익 등은 초기에
치러야 할 대가라고 생각하라. 스티브 잡스(Steve Jobs)와 스티
브 워즈니액(Steve Wozniak)이 맨 처음 애플 컴퓨터를 만들었
던 것은 그 당시 유행하던 컴퓨터를 만드는 데 필요한 키트를

구입할 돈이 없었기 때문이었다(그때는 그 방법만이 정석이었다). 야마하는 그랜드 피아노 시장이 위축되기 시작하자 그 위기를 기회 삼아 대형 피아노의 소리와 터치감을 완벽하게 흉내낸 전자 피아노를 개발하였다. 브라더는 재봉틀 시장이 쇠하자 타자기 및 전자제품 시장으로 뛰어들었다. 루이지애나 퍼시픽 코퍼레이션(Louisiana Pacific Corporation)은 대형 업체들처럼 성숙림을 확보하는 것이 어렵게 되자 석고와 재활용 종이를 이용한 보드 제작에 눈을 놀려 큰 성공을 거두었다.

● 브레인스토밍을 통해 해결 방안을 찾을 수 있는 기회를 모색하라. 고질적인 문제라면, 너무 오래돼서 부지불식간에 포기하고 있었을지 모른다. 이 장벽을 뚫을 수 있는 방법을 찾아라. 하나의 정답만을 찾으려 하지 말고, 10개에서 20개 정도의 가능성 있는 답안을 생각해라. 말도 안 되는 것 같아 보이는 답안이 더 훌륭한 답안일 수 있다는 사실을 기억하라.

● 마지막으로, 모호함과 무질서의 시기에는 질서와 확신을 되찾으려는 욕심에 조급증이 발동하기 쉬운데, 자제하라. 또한 중립지대에서는 단결을 강조하고 싶을 수 있다. 하지만 단결 때문에 반대 의견을 묵살하거나 내 쪽으로 다른 사람의 의견을 유도하는 잘못을 저지르지 않도록 주의하라. 새로운 아이디어가 질식

되는 것을 막기 위해서 건설적 비판자(devil's advocate)를 두거
나 무조건적으로 만장일치를 유도하는 사람을 견제할 수 있는
사람을 따로 지정해두는 것도 좋은 방법이다.

사람마다 처한 상황이 각기 다르겠지만, 다음의 질문은 꼭 묻고
넘어가야 한다. 중립지대의 고통을 견딜 만한 것으로 만들 수 있는
방법, 조직과 개인 모두를 한 차원 높게 업그레이드시킬 수 있는 방
법에는 어떤 것이 있을까? 이 기간을 빠져나왔을 때 변환이 시작되
기 이전보다 훨씬 더 발전된 모습이 되어 있기 위해서는 어떻게 해
야 할까? 몇 가지 예를 적어본다.

- 기술 관련 시스템을 바꿀 때는 중립지대를 활용하여 워크 플로
  우를 재설계하라. 그러면 시스템만 바꾸는 것보다 훨씬 더 좋은
  효과를 얻을 수 있다.

- 다른 회사가 당신의 회사를 인수하려고 할 때에는 당신 팀의 의
  도를 분명히 밝혀라. 그 다음에는 업무 능력을 개선하여, 당신
  팀이 인수 프로젝트에 없어서는 안 될 존재가 되도록 만들어라.

- 부서의 구조조정을 계획할 때에는 관련된 사람 모두 문제점 해

결 세션에 참여하도록 하라. 이 세션은 창의적이어야 하며, 어떤 제한을 가해서도 안 된다. 이 세션을 통해서 역할을 재정의하고 절차를 재정비하라.

가장 쉽게 해줄 수 있는 충고는 어려움이 닥칠 때마다 그것을 발전의 기회로 전환하라는 것이다. 이 상황에 꼭 들어맞는 말이 있다. '주문량이 감소하면, 직원들에게 공장 페인트칠을 시켜라!' 그리고 프로젝트를 진행할 때, 모든 사람의 인정을 받으려고 애쓰지 마라. 결과만 좋으면, 무엇이든 정당화될 수 있다. 물론 좋은 결과를 얻기 위해 노력하는 것이 무작정 허락이 떨어지기만을 기다리는 것보다 낫다는 것은 두말할 필요도 없다.

중립지대에 존재하는 혁신의 기회를 활용하려면, 기업가 정신을 고취해야 한다. 이것은 '시키는 대로만 하면 된다'는 관념과 정반대 되는 정신이 각성되어야 한다는 것을 말한다. 변화에 따른 공포감을 극복하는 데 있어 기업가 정신의 고취만큼 확실한 처방도 없다. 중립지대를 창의적으로 활용하느냐 마느냐의 성패를 가르는 것이 바로 기업가 정신이다. 또한 기업가 정신이 제대로 발휘되려면, 위험이 발생했을 때 그것에 능동적으로 대처할 수 있는 태도가 뒷받침되어야 한다. 물론 이런 능동성은 조직의 지원 없이는 불가능한 일이다. 도전에 실패했을 때 그것을 벌하는 조직에서 모험이나 도전에 응할 사람은 아무도 없을 것이기 때문이다. 특히 '탁월함' 이나 '무결점' 같은 좋은 개념들이 실수를 벌하는 구실로 사용되지 않도록 각별히 조심하라.

오늘날 미국의 조직에서 행해지고 있는 프로젝트나 절차들은 거의 모두 개선이 필요하다. 어떤 경우에는 너무 낡고 진부한 원칙을 그대로 고수하고 있어 문제가 되기도 한다. 경제적이고 효율적인 조직을 만들려는 노력이 필요함에도 불구하고, 이런 조직들은 해고를 유일한 해결책으로 생각하고 남은 사람들에게 그 책임을 모두 전가하려는 태도를 보인다. 중립지대를 기회로 활용하기 위해서는 이런 생각부터 바꾸어야 한다. 그렇게만 된다면, 중립지대를 빠져나왔을 때 그전보다 훨씬 더 강하고 훨씬 더 적응력이 강해진 조직을 만날 수 있을 것이다. 중립지대의 특성인 창의성이야말로 난관에 빠진 조직에 돌파구를 제시할 수 있는 가장 핵심적인 요소이다.

중립지대에 대한 마지막 성찰

여기 제시된 충고가 개인적 차원이나 조직적 차원에서 옳다는 것
을 증명해줄 수 있는 예들은 너무 많아서 일일이 열거할 수도 없다.
겉으로는 평범해 보이기까지 한 사막생활에서도 중요한 변화는 반
드시 일어난다. 그렇지 않으면 우리는 원하는 결과를 얻을 수 없을
것이다. 이런 중요한 변화는 기존의 부적당한 습성들은 과감히 버
리고 새로운 환경에 맞는 사고방식과 행동 패턴을 개발하는 과정,
즉 내적인 분류 과정과 재배열 과정을 통해서만 성취될 수 있다.

로저 골드(Roger Golde)는 그의 저서 『그럭저럭 버티기 _Muddling
Through_』에서 중립지대에서 이러한 분류와 재배열 과정이 어떻게
일어나는지 잘 보여주는, 우화라고 해도 좋을 만한 일화를 소개하고
있다. 제2차 세계대전 당시 프랑스 군대가 사하라 사막에 고립되어
있을 때였다. 물자 공급이 어려운 때라, 거의 모든 물품이 바닥을
드러내고 있었다. 특히 옷이 말이 아니었다. 우여곡절 끝에 적십자
에서 의복이 지원되었는데, 대부분 사이즈를 나타내는 라벨이 없
거나 있더라도 읽을 수 없는 상태였다. 어떻게 그 옷을 적절한 주

인에게 나눠줄 것인지가 큰 문제였다. 중립지대 전략 전문가였던 사령관은 군대를 일렬로 세워놓고, 한 사람 한 사람에게 셔츠 한 벌과 팬티 두 장, 신발 한 켤레씩 나누어주었다. 사이즈나 짝을 맞춰주려는 시도는 애초부터 없었다. 그런 다음 "데브루이에-부(Debrouillez-vous, '알아서 처리하라'는 뜻)"라고 소리쳤다. 자기에게 맞는 옷과 신발을 찾기 위해 군인들은 한동안 난리 법석을 떨었다. 처음에는 해결할 수 없는 문제 같아 보였는데, 결과는 대성공이었다(단 한 사람, 왼쪽 신발만 두 짝을 찾은 군인을 제외한다면).

이 일화는 중립지대를 성공적으로 통과해가기 위해서는 일단 조직의 구성원들을 신뢰하고 보호해주며 격려하고 필요한 구조와 기회를 제공해주는 일이 필수적이라는 사실을 상기시켜주고 있다.

이제 '데브루이에-부'를 중립지대의 암호로 사용하자!

중립지대 관리하기 : 체크리스트

예 아니오

_____ _____ 중립지대가 불편한 시기인 것은 사실이지만(세심한 주의가 있으면) 얼마든지 모든 사람에게 유리한 시간이 될 수 있다는 사실을 설명함으로써 중립지대를 정상화하였는가?

_____ _____ 참신하면서도 긍정적인 메타포를 사용하여 중립지대를 규정하는 방법을 통해, 중립지대의 의미를 재

정의하기 위한 노력을 기울였는가?

_____ _____ 메타포를 강화할 수 있는 교육 프로그램이나 정책 변화, 금전적인 보상책 등을 마련해두었는가?

_____ _____ 비본질적인 사람들을 잘 보호해주고 있는가?

_____ _____ 적절한 방법으로 보호해주지 못한다면, 비슷한 변화끼리 묶어 변화의 숫자를 줄이려는 노력을 기울였는가?

_____ _____ 중립지대를 통과하는 데 필요한 임시 정책이나 절차를 만들어두었는가?

_____ _____ 중립지대를 통과하기 위하여, 그에 맞는 역할이나 서열관계를 규정하고 조직을 개편했는가?

_____ _____ 단기 목표와 체크포인트를 설정했는가?

_____ _____ 현실적인 아웃풋 목표를 설정했는가?

_____ _____ 중립지대를 성공적으로 관리하기 위한 특별 교육 프로그램으로 어떤 것이 좋은지 생각해두었는가?

_____ _____ 조직원들이 조직에 대한 소속감을 유지할 수 있는 방법을 생각해두었는가? 또한 집단의 연대감을 훼손시키는 특전이나 다른 형태의 특권들을 적절히 통제하고 있는가?

_____ _____ 중립지대에서 발생하는 피드백들을 상층의 리더들에게 원활하게 전달하기 위해서는 변환 모니터링 팀이 필요하다. 변환 모니터링 팀을 하나 이상 설치했

는가?

_____ _____ 조직원들이 새로운 것을 시도하는 데 능동적으로 참여하고 있는가? 혹 우리의 조직 문화는 실패에 대해 너무 가혹하지 않은가?

_____ _____ 당신의 업무를 성찰하는 시간을 가졌는가(당신 자신을 위해서도 필요한 일이고, 다른 조직원들에게 모범이 될 수 있기에 적극 권장한다)?

_____ _____ 다른 조직원들에게도 그들의 업무를 성찰할 수 있는 시간과 기회를 주었는가? 적절한 자원(퍼실리테이터, 설문 조사 도구 등)을 제공했는가?

_____ _____ 창의적인 사고와 혁신에 필요한 기술을 연마할 수 있도록 조치했는가?

_____ _____ 실험을 권장하고, 의도는 좋았으되 실패한 시도에 대해 관용을 베풀 수 있도록 조치했는가?

_____ _____ 실패나 좌절을 오히려 새로운 것을 시도해볼 수 있는 기회로 바꾸기 위해 노력했는가?

_____ _____ 고질적인 문제점(그냥 내버려둘 수밖에 없다고 주장하는 것들)을 해결하기 위해 직접 브레인스토밍 기법을 사용해보았는가? 다른 조직원들에게도 이 방법을 권장하고 있는가?

_____ _____ 중간지대의 특성인 불확실성과 불안감의 증가 등의

중압감을 극복하지 못하여, 창의성 개발에 도움이 됨에도 불구하고 확실하고 분명한 것만을 강요하고 있지는 않은가? 정기적으로 당신의 태도를 점검하고 있는가?

_____ _____ 중립지대를 비효율적인 조직 운영 원리를 효율적인 통합 시스템으로 전환하기 위한 기회로 활용하고 있는가?

마지막 질문

지금 당신은 중립지대에 와 있다. 이 시기를 성공적으로 관리하기 위해서는 어떤 조치를 취할 수 있겠는가? 지금 당장 시작할 수 있는 일에는 어떤 것이 있겠는가? 아래 빈 공간에 간략하게 그 내용을 적어라.

5장

새로운 시작의 출발

이 세상의 유일한 즐거움은 새롭게 시작하는 것이다.

— 체사레 파베세, 이탈리아 작가

이 세상에서 가장 두려운 것은 새로운 경험이다. 새로운 경험으로 인해 너무나도 많은 과거의 경험들이 엉망이 되기 때문이다. 하지만 새로운 아이디어를 두려워하는 사람은 없다. 아이디어는 책상 서랍 속에 썩혀둘 수 있는 것이기 때문이다. 하지만 경험은 그럴 수 없다.

— D. H. 로렌스, 영국 소설가

시작(beginnings)은 심리적인 현상이다. 이 시기에는 새로운 방향으로 새로운 에너지가 분출된다(달라진 정체성의 표현이기도 하다). 시작은 우리가 흔히 출발(starts)이라고 부르는 것과는 다르다. 출발은 경험과 상황의 '환경 변화'를 말한다. 상황만 고려한다면, 변화는 빠른 속도로 전개될 수 있다.

● 기존에 쓰던 컴퓨터를 모두 치우고 새로운 컴퓨터를 설치했다. 새로운 기계에 적응하기까지 시간이 좀 걸린 것은 사실이지만,

별 문제 없이 잘 적응해 나간다.

- 예산이 삭감되고, 사람들은 그 조건에 즉각적으로 적응하기 시작한다. 하지만 당분간은 말썽이 잦다. 불평은 계속되고, 자금이 충분했던 옛 시절에 대한 그리움을 토로하는 사람도 줄어들지 않는다.

- 개편된 조직도가 벽에 걸리던 날, 사람들은 바뀐 역할과 새로운 상사, 새 팀의 구성에 대한 파악을 끝낸다. 상황으로만 보면, 변화의 출발은 첫날부터 시작된 셈이다. 하지만 몇 주가 지나도 기존 팀의 존재는 사라지지 않는다. 커피 타임이 되면 옛 동료를 찾아가 커피를 마시고, 충고가 필요하면 예전의 상사를 찾아간다.

각각의 경우, 모두 아직 새로운 시작을 했다고 할 수 없다. 단지 새로운 것에 착수했을 뿐이다. 새로운 상황이 주어지고 그것에 대한 이해가 시작되었다고 하더라도, 사람들은 아직도 중립지대의 감정인 상실감, 혼돈, 불안 등을 느낀다. 시작은 사막지대를 빠져나와 새로운 방식을 기꺼이 받아들이겠다는 마음의 결심과 새로운 정체성을 스스로 인정했을 때 비로소 시작된다. 출발은 새로운 환경을 필요로 하지만, 시작은 새로운 이해, 새 가치관, 새 태도, 그리고 무엇보다도 새로운 정체성을 필요로 한다.

출발의 설계는 물건의 설계와 같아서, 주도면밀한 사전 계획이 가능하다. 하지만 새로운 시작은 식물을 키우는 일과 같다. 출발은 의사 결정의 결과이기 때문에 스케줄대로 움직일 수 있다. 일방적인 통보로도 출발을 알리는 것이 가능하다. '3월 25일부로 24개 지점을 6개 지역 사무소로 통합할 것입니다.' 반면 시작은 유기적 프로세스인 변환 프로세스의 최종 단계로서, 실행 계획안에 적힌 날짜가 시작 날짜가 될 수 없다. 시작은 정신과 마음의 시간을 따른다.

출발은 변화 관리 계획을 통해 세부적으로 규정할 수 있다. 하지만 시작은 그렇지 않다. 흔히 사람들은 '이제부터 새로운 방법대로 할 겁니다' 라는 말과 동시에 시작이 이루어지는 줄 착각한다. 사장이 "새 컴퓨터 시스템(혹은 자율 경영 팀)을 운영한 지 2주나 됐잖아! 그런데도 아직이야? 도대체 문제가 뭐야?"라고 조급하게 닦달하는 것도 다 이러한 생각이 반영되었다고 보면 된다.

시작의 양가성

시작은 오묘한 것이다. 사람들은 시작이 현실화되기를 바라지만 동시에 두려움도 가지고 있다. 대부분의 사람들은 지루하고 겉보기에 아무런 의미도 없는 중립지대를 지나서 무사히 약속의 땅에 도달한 것에 대해 크게 안도한다(약속의 땅이 어떤 것인지에 상관없이). 그러나 시작은 새로운 구속과 약속을 의미하는 것이기에 마냥 기뻐할 것은 아니다. 어떤 의미에서 시작은 새로운 환경이 요구하는 새로운 인간상을 요구하는 것이기도 하다. 시작이 매력적으로 보이는 것은 사실이지만, 그것에 저항하도록 만드는 이유도 그것만큼 크다.

- 시작은 당초 끝냄에 의해 유발되었던 불안감의 일부를 상기시킨다. 그러나 어찌 됐든, 시작은 일단 끝냄이 사실이라는 것을 확인시켜준다. 예를 들어, 이런 판단이 가능해진다. '예전의 관계가 끝났다는 것을 이제야 확신할 수 있다(새로운 시작에 대해 이런저런 생각이 들기 전까지는).' 무언가를 끝내기로 한 결정은 그것을 대체할 수 있는 무언가가 나타나기까지는 확정된 것이 아니다. 새로운 시작이 있어야 끝냄이 인정을 받는다(모순처럼 들릴지도 모르겠지만, 결말은 흥분의 원천이기도 하다. 과거를 깨끗하게 청산하고 처음부터 다시 시작할 수 있는 기회가 주어졌다는 것을 알리는 것이기에).

- 새로운 방식은 일종의 도박이다. 항상 실패의 가능성이 있기 때문이다. 새로운 방식을 시도한다는 것 자체가 미친 생각일 수 있고, 혹은 한 개인이나 집단이 난국을 헤쳐 나가리라 기대하는 것 자체가 비현실적인 생각일 수도 있다. 심지어는 노력 자체가 엉망이 될 수 있다(심한 경우에는 당신이 그 장본인이 될 수도 있다).

● 모험적인 성격이 강한 새로운 시작은 과거와 밀접하게 연관되어 있다. 개인적으로는 새로운 시작이 자존감을 훼손시킬 수밖에 없었던 과거 실패의 상처를 상기시켜줄지도 모른다. 조직적 차원에서도 실패로 인해 처벌을 받거나 고통을 감내하면서 결국 새로운 시작을 중도에 접어야 했던 구체적인 사건을 떠올리게 하는 기제가 될 수 있다.

● 마지막으로 어떤 사람들에게는 새로운 시작이 중립지대에서의 즐거웠던 경험을 파괴하는 요인이 될 수 있다. 대부분의 사람들은 사막을 좋아하지 않는다. 그런데 소수이긴 하지만 어떤 사람들은 모호함을 즐기고, 일의 더딘 진행을 기분 좋게 받아들인다. 또한 중립지대의 혼돈을 싫은 일로부터 도망칠 수 있는 피난처로 악용하거나, 목적의 부재를 자신의 게으름을 합리화하는 데 이용하기도 한다. 이런 사람들에게 새로운 시작은 책임과 압력으로부터 도피할 수 있었던, 행복했던 휴가생활의 끝을 의미한다.

새로운 시작의 타이밍

모든 유기적 프로세스와 마찬가지로, 시작도 말과 행동만으로 되는 것이 아니다. 자연스럽게 때가 무르익어야 꽃이 피고 열매가 맺듯이, 새로운 시작도 변환 프로세스의 타이밍이 맞아야 성공할 수 있다. 하지만 타이밍을 맞추는 일이 사람의 의지대로 되는 것은 아니기 때문에 변환 과정을 이해하는 것이 중요하다.

변환 관리를 지원하기 위해서는 다른 사람의 입장과 그들의 감정 상태를 공감할 수 있어야 한다. 시작이 중도 하차되는 이유에는 여러 가지가 있겠지만, 무엇보다 끝냄이나 중립지대의 관리가 잘 이루어지지 않아서인 경우가 가장 많다.

시작은 개인의 의지대로 강요될 수 없는 것이기에, 시작에는 격려와 지원, 강화가 필요하다. 전열기구의 스위치를 켜듯 간단하게 시작을 실현할 수는 없지만, 식물을 키우듯 땅을 갈고 영양분을 줄 수는 있다. 다음의 네 가지 사항이 당신이 할 수 있는 일이다.

첫째, 당신이 추구하는 아웃풋의 기본적인 목적(purpose)을 설명해야 한다. 일에 전념하려면 먼저 그 목적의 논리를 이해해야 한다.

둘째, 어떤 아웃풋이 나올 것인지에 대한 그림(picture)을 그려줘야 한다. 전력투구를 하려면 먼저 머릿속에서라도 그 결과를 경험해볼 수 있어야 한다.

셋째, 아웃풋을 얻기 위한 계획(plan)을 단계별로 세워놓아야 한다. 목적지에 도착하기 위해서는 어떤 수단을 동원해야 하는지에 대해 알아둘 필요가 있다.

넷째, 계획이나 아웃풋 측면에서 구성원 각자의 역할(part)을 정해주어야 한다. 참여하고 기여할 수 있는 구체적인 방법이 필요하다.

정리해서 말하자면, 새로운 시작을 위해서는 이 네 가지 P(목적, 그림, 계획, 역할)가 필요하다. 개인에 따라서 네 가지 P 중 더 중요한 것이 있고 덜 중요한 것이 있다. 어떤 것에 집중하느냐에 따라 더 강조해야 할 것이 생겨날 것이다(다른 것들은 최소화하거나 생략한다). 그런데 한 가지 조심해야 할 것은 무의식중에 당신이 선호하는 것을 다른 사람에게 강요하는 일이다. 사람마다 시작에 접근하는 방법이 다 다를 텐데, 당신의 방법을 그대로 따라야 한다고 지레짐작하는 것은 큰 실수이다. 사람은 개인마다 차이가 있다(완벽한 당신의 모습에 결함을 더한 존재가 그들인 것은 아니다). 따라서 조직원들 앞에서 새로운 시작에 대해 언급할 때에는 이 네 가지 요소(목적, 그림, 계획, 역할)를 골고루 고려해야 한다는 사실을 꼭 기억하라.

'전진' 이라고 말했을 때는 어디로 가는지 그 방향을 정확히 밝혀야 한다. 그런 조치 없이 수사와 혁명 당원에게 호령한다면, 그들은 반대 방향으로 가려고 할 것이다.

—안톤 체홉, 러시아 작가

목적을 명확히 밝히고 그 내용을 전달하라

당신의 목적은 무엇인가? 모세가 사막으로 이스라엘 민족을 이끌고 갔던 것은 하나님께서 이집트 땅에 유배되어 박해를 받고 있던 이스라엘 민족을 구원하여 그들의 땅으로 인도하리라는 약속이 있었기 때문이었다. 그 약속은 모든 사람들이 이해할 수 있는 종류의 약속이었다. 그 약속은 '왜 우리가 이런 짓을 해야 하지?'라는 질문에 대한 해답이었으며, 문제점에 대한 해결 방안이었다. 이 약속은 이스라엘 민족의 지난했던 여정의 버팀목이 되었던 목적이었다.

새로운 시작을 할 때에는 무엇보다도 목적이 분명하게 설명되어야 한다. 그런데 조직의 문제에 대한 현실적인 이해가 부족한 사람들이 종종 목적을 이해하는 데에도 어려움을 겪는다. 그럴 때에는 문제에 대한 해결 방안을 알리는 것에 앞서 문제를 이해시키는 것이 선행되어야 한다. 문제를 알리는 것은 끝냄 단계에서 마쳤어야 할 일이지만, 그러지 못했다면 지금 해야 한다. 다음의 질문에 답해 보라.

문제가 무엇인가? 이러한 변화를 요구하는 상황은 어떤 것인가?

누가 그런 말을 했으며, 어떤 증거가 있는가?

아무도 문제를 해결하려 하지 않는다면, 결과는 어떻게 될까?

그리고 그런 일이 생기면, 어떻게 될까?

변환에는 언제나 목적이 있기 마련이지만, 때로는 상대의 관심사나 이해관계에 맞게 그 내용에 변화를 주어야 할 때도 있다. 일반 직원들에게 주주가치의 증가라는 목적은 큰 의미를 가질 수 없다. 직원들의 작업 환경, 연봉, 직업 안정성 등의 측면에서 볼 때, 주주가치는 아무런 영향도 미칠 수 없기 때문이다. 품질 개선, 고객 만족, 수익성 증가 등의 목적도 마찬가지이다.

위대한 사람은 목적을 품고, 평범한 사람들은 소망을 품는다.
___워싱턴 어빙, 미국 작가

새로운 시작을 방해하는 요소들 중 가장 심각한 것은 목적을 뚜렷하게 부각시킬 수 없다는 점이다. 이런 현상이 나타나는 원인에는 여러 가지가 있는데, 원인에 따라 대처 방법도 달라져야 한다.

목적의 의미를 명확하게 전달하지 못해서 목적에 대한 인지도가 낮다. 목적을 효과적으로 알리는 데 실패했거나, 사람들이 설명을 제대로 이해하지 못해서 일어날 수 있는 일이다. 이 경우에는 부연 설명을 제공하라(혹은 요구하라). 목적의 의도 자체를 의문시하는 것이 아니라 정확한 이해를 위해 더 많은 정보가 필요함을 밝혀라. 이런 문제가 발생하는 또 한 가지 이유는 목적에 대한 철저한 규명이 이루어지지 않았기 때문일 수 있다. 그때까지도 리더들이 목적을 제대로 파악하고 있지 못했다는 사실을 인정하고 나면 문제가 더 복잡해질 수도 있겠지만, 어쨌든 이런 상황에서는 부연 설명을 요구하지 않을 수 없다.

목적에 대한 정보가 제공된 적이 단 한 번도 없기 때문에, 목적 파악이 어렵다. 여기에는 세 가지 이유가 있을 수 있다.

 적어도 정사(精査)가 필요할 정도의 목적이 부재하는 경우다. 변화 자체가 누군가의 변덕에 의해 일시적으로 생겨난 것이거나, 수동적 지도부라는 비판을 무마시키기 위한 경영진의 거짓 책략일 수 있다. 아니면 옆집에서 그런 시도를 한다기에 덩달아 시작한 일일 수도 있고, 이사회에서 제비뽑기로 결정된 엉터리 전략일 수도 있다. 변화의 목적에 타당성이 없으면, 중립지대에서 구성원들을 설득하는 일이 쉽지 않을 것이다. 단단히 준비를 해두고, 의사 결정 프로세스가 제 궤도에 오르기까지 어떻게 시간을 활용하는 것이 가장 바람직할지를 결정하라.

 이런 입장을 가진 리더들은 조만간 추종자들을 모두 잃게 될 것이다. 무슨 조치라도 내리려면, 이런 일은 빨리 벌어지는 게 낫다. 그러나 상사에게 피드백을 해주어도 별 효과가 없거든, 첫 번째 충고를 따르라.

 전문적인 용어로는 '거짓말'이라고 하는데, 장기적으로 조직원들에게 미치는 영향은 상당히 부정적이다. 리더들을 불신하게 되고, 충성심이 약화된다. 분노가 커지고, 능력 있는 직원들이 회사를 떠난

다. 남아 있게 된 힘없는 직원들은 복수를 꿈꾸지만 성공하지 못
한다. 이런 경우에는 어떻게 해야 하나? 대개 방법이 많지는 않
다. 항상 통하는 것은 아니지만, 진실을 밝히는 것이 생각만큼
끔찍한 일이 아님을 상기시켜줄 필요가 있다. 아니면 큰 틀을 망
치지 않고도 진실을 전달할 수 있는 방법(최소한 거짓말하지 않
는 방법)을 일러줄 수도 있다. 그렇게 할 수 없다면 최소한 당신
만이라도 거짓말을 하지 않도록 노력해야 한다.

때로는 당신도 과거의 습관에서 벗어나지 못하고 있는 자신을 발
견하게 될지도 모른다. '사장이 그렇게 해주길 원하나 봐.' '그렇게
안 하면 다 해고되고 말걸.' 이런 생각을 가진 조직이라면 오래 버
틸 수 없다. 하지만 단발적인 행동을 유발시키고자 할 때는 제법 큰
효과를 볼 수 있을지도 모르겠다.

아래 시나리오의 상황들은 그리 암울하지 않다. 당신이 의사 결정을
할 수 있는 위치에 있고, 목적을 정하고 정의하는 데 영향력을 행사
할 수 있는 사람이라고 가정해보자. 다음의 사항들을 염두에 두어라.

● 목적은 보여주기 위한 것이 아니라 현실이어야 한다. 필연적으
  로 가혹한 다운사이징이 수반될 수밖에 없는 예산 삭감 조치를
  회사 운영을 개선하기 위한 방편이라고 설명한다면(최근 컨설
  팅을 해주었던 조직이 그랬다), 직원들의 에너지와 헌신적인 참

여를 응집해야 할 시점에 오히려 불신과 냉소주의만을 양산할
수 있다.

● 목적은 조직이 직면한 실제 상황, 조직의 성격과 자원을 고려한
것이어야 한다. 오늘날에는 꽤 다양한 내용들이 변화의 목적으
로 각광받고 있다.

이런 말들은 상투어들이다. 원래 이 단어들에는 대단한 뜻이 포
함되어 있지만, 그 뜻을 제대로 이해하고 말하는 사람은 없다.
그런 사람들이 있었다면, 그들이 의도했던 뜻은 요즘 사람들이
말하는 그런 의미가 아니었을 것이다. SAS 항공의 지도부가 고
객 서비스가 관건이라고 말했을 때, 그리고 포드 사의 CEO가
품질이 최우선이라고 말했을 때, 조직원들은 모두 그 말을 경청
했다. 경영진이 진실로 믿고 있는 바를 조직원들에게 전달했기
때문이었다. 하지만 오늘날처럼 뜻도 제대로 모르고 유행어를
남발하는 조직이라면, 직원들은 경영진의 말을 '나도 나도'라
고 해석해 들을 것이다.

새로운 시작에 필요한 목적은 반드시 조직의 내부에서 도출되어야 한다(조직의 의지, 능력, 자원, 성격). 보다 구체적으로 말한다면, 조직 고유의 특성과 조직이 처한 특수 상황이 만나는 지점에서 이런 목적이 구성되어야 한다는 것이다. 급변하는 세계에서는 이런 지점에서 기회가 생겨난다. 하지만 다른 조직에서 목적을 베껴와 사용하거나, 혹은 목적이 조직의 실 상황과 모순될 때에는, 목적의 제 기능을 기대할 수 없다.

새로운 시작이 성공하려면 명확하고 타당한 목적이 뒷받침되어야 한다. 그것이 없으면 출발은 무수히 많되, 진정한 시작은 없을 것이다. 사실, 기본적인 문제점을 해결하지 않는다면 불발로 끝나기 일쑤인 출발의 연장선에서 조직원들의 피로만 가중된다. 시작이 없는 변환은 불완전하다. 또한 변환이 없으면 변화도 일어날 수 없다.

목적 다음은 그림

목적이 시작에 중요한 것은 사실이지만, 다소 추상적인 개념인 것도 사실이다. 목적은 관념이며, 대부분의 사람들은 관념만 갖고서 힘들고 위험한 일에 스스로를 내던지려 하지 않는다. 상상이지만 눈으로 확인할 수 있는 뭔가가 필요하다. 사람들은 아웃풋을 형상화한 그림을 필요로 한다. 또한 그림을 통해서 아웃풋이 실현되었을 때의 느낌을 미리 경험해보고 싶어한다.

그림은 사람의 머릿속에 들어 있는 것이기는 하지만, 어떤 의미에서는 실재이다. 끝냄 단계에서는 여러 종류의 상실을 경험하게 되는데, 그중 하나가 과거 그림의 붕괴이다(어떻게 그리고 어떤 이유가 되었든 정신적인 이미지). 중립지대에서 발생하는 고통의 상당 부분은 가시화된 조직도가 부재한다는 것에 있다('사막'에 대한 그림을 사람들의 마음속에 그려 넣는 일도 중립지대의 중요한 관리 업무 중 하나다. 사람들의 경험을 설명하고 그것을 정당화시켜줄 수 있는 그림을 만들어야 한다). 흩어져 있는 에너지를 모으는 것, 자신의 노력에 새로운 의미를 부여하는 것, 정체성을 새롭게 확립하는 것 등의 계기를 마련해줌으로써 중립지대를 무사히 빠져나오도록 돕는 것이 바로 그림의 역할이다.

그렇기 때문에 목적의 설정 뒤에는 바로 그림 그리기가 뒤따라와야 한다. 그림 그리기에는 신비주의적이거나 예술적인 측면이 개입될 여지가 전혀 없다. 모세는 이스라엘 민족을 영도하라는 하나님의 부름을 받았지만, 자신의 능력을 믿지 않았기에 거절하려 했다. 하지만 결국에는 자신의 임무를 훌륭히 완수해냈다. 그는 약속의 땅이라는 관념을 젖과 꿀이 흐르는 땅이라는 그림으로 바꾸었다. 그는 목적지를 이해시키는 데 그치지 않고, 이스라엘 사람들의 상상력을 부추기기에 충분한 그림을 형상화시켰다.

당신이 원하는 아웃풋은 어떤 모습일까? 사람들의 작업 방식이나 인간관계는 어떻게 바뀔까? 공간의 레이아웃은 어떻게 변화될까? 하루 일과는 어떻게 조정될까? 새로운 방식을 처음 접했을 때 사람들은 어떤 반응을 보일까? 또 어떤 느낌을 받을까? 즉, 변화를 접했을 때 사람들은 다르다는 것을 어떤 식으로 경험하게 될까?

시각적인 도구를 활용하여 달라진 미래의 그림을 전달하라. 바뀐 사무실의 층별 레이아웃, 새로 설치한 자동화 패키지 라인의 설계도, 자율 경영 팀의 실전 기획 모습을 담은 비디오, 합병 이후 서비스 가능 지역을 표시한 지도 등. 이런 도구를 통해 조직원들은 미래의 모습을 상상하게 된다. 그림 그리기의 또 다른 방법 한 가지는 변화를 성공리에 마친 조직을 방문해보는 것이다. 새로운 상황에 성공적으로 적응하여 열심히 일하는 사람들을 직접 보고 대화함으로써, 변화된 미래를 시각적으로 확인하고 미리 익숙해지는 기회를 가질 수 있을 것이다.

주의해야 할 두 가지

변화된 미래를 시각화할 때 주의해야 할 두 가지. 첫째, 미리부터 그림의 효과를 보려 하지 마라(다시 말해, 끝냄의 단계가 끝나기 전부터). 발표 후에 그림을 보여주는 것만으로는 아무런 해가 없다(오히려 좋다). 사람들의 머릿속에 그림을 심어주면, 사람들은 그림을 통해 성공에 대한 확신을 재확인하게 된다. 하지만 그림을 심어주는 것만으로 변환이 진행될 수는 없다. 이스라엘 사람들을 이집트에서 끌어내어 약속의 땅으로 인도했던 것은 젖과 꿀이 흐르는 땅의 이미지가 아니었다. 그것은 변환 리더였던 모세의 능력이었다.

그림만 있으면 변환의 성공적인 관리가 가능하다는 잘못된 신념은 변화 프로젝트 설계자들의 오해에 의해 더욱 공고해진다. 일반적으로 이런 설계자들은 조직의 구성원보다 먼저 자신들만의 변환 프로세스를 경험한다. 다른 사람들이 여전히 문제점과 해결 방안을 찾지 못해 고군분투하고 있을 때, 이들은 벌써 끝냄과 중립지대를 거쳐 새로운 시작을 준비한다. 하지만 이들이 망각하고 있는 사실 하나가 있다. 자신들은 새로운 시작을 준비하지만 중간 관리자들은 이제 겨우 중립지대에 들어섰고, 일선 직원들은 아직도 끝냄의 과정조차 제대로 마무리하지 못했다는 사실 말이다.

이런 상황을 우리는 '마라톤 효과'라고 부른다(수천 명의 마라토너들이 길거리 레이스를 펼칠 때 일어나는 상황을 빗댄 것이다). 맨 앞의 선두주자들은 총소리가 나면 총알같이 뛰어 나간다. 그 다음 열의 주자들도 달리기 시작한다(선두주자들보다는 느리다). 그 다음엔 중간주자들(결코 빠르다고는 할 수 없는 주자들)이 뛰어 나간다. 앞서 달리기 시작한 리더들이 한참 열을 올릴 즈음, 너무 뒤에 처져 있어 총소리조차 잘 들리지 않는 위치에 서 있던 일요주자들이 움직일 채비를 한다(이 사람들은 완주하는 게 소망이다). 레이스가 시작되었다는 소문이 관중들 사이로 들려오기 시작한다. 일요주자들은 조금씩 발을 움직이면서 몸을 풀지만, 아직 뛰어 나갈 정도는 아니다. 차츰 발을 떼는 사람들이 늘고, 대열이 움직이기 시작한다.

일요주자들이 조깅 수준까지 속도를 올릴 즈음, 선두주자들 중 일부는 벌써 피니시 라인에 가까이 와 있다. 그들은 '이제 다 끝났군, 경기가 잘 풀렸어. 다음 주에는 뭘 할까?' 하고 생각한다. 이런 선두주자들이 바로 기업의 임원들이다. 임원들은 구성원이 문제점과 씨름하기 시작할 때, 벌써 그네들만의 변환을 완료한다. 그들은 따라오는 사람들이 아직도 경기 중이라는 사실을 망각한다.

두 번째 경고는 위압감이 드는 그림을 제시하여, 그 그림과 스스로를 동일시할 수 없게 만들어서는 안 된다는 것이다. 컨설팅을 의뢰했던 클라이언트 중에 자동화 생산 라인을 새로 구축하려는 기업이 있었다. 그 회사는 할리우드에 있는 근사한 제작사에 테이프 제작을 의뢰했다. 테이프는 아주 훌륭하게 완성되었다. 당시 로스앤젤레스 올림픽 방송에서 사용되었던 박진감 넘치는 음악이 주제 음악으로 채택되고, 화면은 최신식 시설로 무장한 컨베이어 벨트 사이를 빠르게 통과해가는 제품의 모습을 최대한 근사하게 잡은 컷으로 채워졌다. 컴퓨터 출력물을 검토하는 화면 속의 사람들도 너무나 멋있게 형상화되었다. 일선 직원들은 그 화면을 보고 기가 죽지 않을 수 없었다. 결과는 자명했다. 대부분의 직원들이 자신의 능력 없음을 탓하며, 그 일에 적합하지 않다고 생각했다.

그런데 의외로 비디오 제작의 20분의 1의 돈을 들여 제작한 모형은 훨씬 더 효과가 좋았다. 새로 설계될 생산 라인을 세밀한 부분까지 축소하여 모형을 만들고, 그 주변에 사람들과 제품의 모형을 추가로 설치하였다. 모형은 공장 구내식당에 설치되었고, 직원들은 매일같이 모형을 보며 가지고 놀기까지 했다. 얼마 후 장난감 인형에는 실제 직원들의 이름표가 붙여졌고, 직원들은 새로운 환경에서 일하고 있는 자신의 모습을 머릿속으로 그려보기 시작했다.

이제는 계획을 세울 때

어떤 사람들은 그림에 대해 확실한 반응을 보인다. 일단 머릿속에 그림이 입력되면, 상상 속에 존재하는 목적지에 도달하기 위한 방법을 자체적으로 모색한다. 임원이나 계획 입안자들이 이 경우에 속한다. 이들은 개인적으로 여기저기에 루트를 상세하게 표시한 계획안이 필요 없는 사람들이다. 그렇기 때문에 일반인들에게는 그 계획이 무척이나 중요하다는 사실을 종종 간과한다. 실무적인 측면을 중시하는 사람들에게는 그림보다는 '월요일엔 뭘 하지?' 란 질문이 더 중요하다.

내가 여기서 말하고자 하는 계획안은 단계별 과제나 일정으로 가득 찬 복잡한 기획서가 아니다. 예를 들어, 자동화 시스템을 언제 주문하고, 언제 도착하게 하고, 언제 설치하고, 언제 새 기계로 생산한 제품들을 출시할 것인가 등이다. 이것은 변화에 대한 계획이지 변환에 대한 계획이 아니다. 내가 말하고자 하는 계획은 변환에 필요한 정보, 교육, 지원과 관련된 일정과 방법을 기술하는 것이다. 즉, 변환의 각 단계마다 필요한 주요 이벤트의 성격과 시점을 설계하는 것이다. 공장 폐쇄나 그룹 해체를 기념하는 기념식, 모델 기업의 현장 방문 일정, 현장 관리자가 직접 답을 제시하는 Q & A 코너, 교육 프로그램의 시작, 수련회나 브레인스토밍 세션 실시 날짜 등.

변환 관리 계획은 변화 관리 계획과 몇 가지 면에서 차이를 보인다. 첫째, 변환 관리 계획인 집단적 차원의 변화보다는 개인적 차원의 변화에 집중한다는 점에서 보다 구체적이다. 구체적으로 아무개에게 어떤 변화가 어떻게 일어날 것인지를 설명해주기 때문에 훨씬 더 개인 지향적인 설계도라 할 수 있다. 둘째, 변환 관리 계획은 성과 지향적이지 않고 프로세스 지향적이다. 변환 관리 계획은 개개인이 변화에 적절히 대응하기 위해서 어떻게 해야 하는지를 상세하게 다룬다. 언제 필요한 정보와 교육을 받을 수 있는지, 그리고 언제 어떻게 계획 프로세스에 인풋을 제시하는 것이 가능한지에 대해 기술한다.

셋째는 계획을 수립하는 절차의 차이이다. 변화 관리 계획은 아웃풋에서 출발하여, 단계별로 거슬러 올라가 아웃풋에 필요한 조건들을 만들어낸다. 반면 변환 관리 계획은 현 위치에서 시작해서 한 단계씩 앞으로 나아간다. 끝냄의 프로세스를 거쳐 사막을 지나, 새로운 태도와 행동 방식, 정체성으로 무장하는 새로운 시작으로 말이다. 변환 관리 계획은 3, 4, 5장에 제시된 여러 가지 이벤트, 조치, 프로젝트를 참고하여 설계하면 된다.

마지막으로, 역할 제시

변환을 경험하는 사람들에게 계획은 엄청나게 든든한 지원군이다. 특별한 정보를 담고 있어서라기보다는 그 자체로 사람들에게 위안을 준다. 성경의 출애굽기에도 사막에서 사람들이 투덜거렸다는 기록이 나온다. 그들은 모세에게 "계획이란 게 있기는 한 거야? 앞으로도 잘해 나갈 수 있을 것 같아?"라고 물었다. 계획은 암묵적으로, 누군가 우리에게 관심을 갖고, 우리의 요구를 진지하게 고려하고 있으며, 우리가 길을 잃지 않도록 보살펴주고 있다는 메시지를 전달한다.

하지만 아무리 잘 짜여진 계획이라 하더라도 사람들은 심적인 갈등을 겪게 된다. 벽에 걸린 차트에서는 자신의 이름을 찾아볼 수도 없고, 새로운 시스템에 자신이 적임자라는 것을 일러주는 사람도 없고, 역할을 정해주는 사람도 없다. 목적, 그림, 계획에서 한 가지 중요한 것이 빠져 있다면, 그것은 바로 역할이다. 역할이 주어지기 전까지 사람들은 여전히 여행에서 배제되어 있다고 생각할 것이고, 새로운 시작을 현실화하는 데 어려움을 겪을 것이다.

보통 사람들에게는 두 가지 측면에서 역할을 제시하는 것이 좋다. 첫째는 바뀐 시스템 하에서 자신의 역할과 인간관계를 파악하도록 하는 것이다. 조직도에 기입된 이름의 위치를 보고, 역할에 불만을 가지는 사람이 있을 수도 있다. 하지만 이름이 전혀 없는 것보다는 있는 게 그래도 낫다. 자신의 역할을 파악할 때까지는 느리게라도 새로운 현실에 적응하기가 쉽지 않다. 또한 역할 파악이 안 되면, 환상에 이끌려 현실과는 점점 멀어진 방향으로 갈 수도 있다.

하지만 이런 역할은 단지 결과와 관련된 역할일 뿐이다. 당신은 변환 프로세스 그 자체를 효과적으로 관리할 수 있는 역할을 제시해야 한다. 가장 쉬운 방법은 기획 태스크포스, 상황 설문 조사 그룹, 문제 해결 팀, 변환 모니터링 팀의 활동에 참여하도록 유도하는 것이다. 이 방법이 여의치 않으면 공식적으로 인풋 시스템을 만들어서 변환 관리 프로세스에 간접적으로나마 참여할 수 있는 기회를 제공하라. 체계가 변화하면서 중요한 역할을 맡다가 그 역할을 상실하게 된 사람들에게 특히 중요하다(3장의 '상실에 대해서 보상하라'를 참고하라).

변환 관리에 참여할 수 있는 역할을 주게 되면 새로운 시작을 현실화하는 데 있어서 다음의 다섯 가지 이점이 있다.

첫째, 중립지대를 빠져나와 모든 것을 재정의하는 시점에서 조직이 직면한 문제를 새로운 시각에서 통찰할 수 있는 기회가 된다. 문제를 이해하는 사람들은 해결 방안도 스스로 찾아 나선다.

둘째, 문제점을 공유함으로써 당신은 직원을 한 편으로 만들 수 있다. 당신과 직원들은 적이 아니라 연합군이 되고, 양자간의 분열이 사라진다. 변화 때문에 인관관계가 해이해졌다면, 이번이 기회가 될 것이다.

셋째, 참여의 기회를 제공함으로써 사람들이 머릿속으로만 생각하고 있는 해결 방안을 직접 얻을 수 있다. 공동의 의사 결정이 반드시 일방적인 것보다 더 나은 것은 아니지만, 여러 사람을 참여시킴으로써 의사 결정자가 누가 되었든 그에게 여러 사람의 지식을 활용할 수 있는 기회를 줄 수 있다.

넷째, 이렇게 얻어진 지식은 문제점에 대한 단순한 사실 이상의 것을 담고 있다(그 상황에 영향을 받게 되어 있는 다수의 이해관계를 포함하게 된다). 결과는 그것이 참여자들의 이해관계를 반영할 때 극대화된다(적어도 그것에 위배되지 않을 때). 이해관계에 대한 이해를 동반하지 못한 지식은 전문적·경제적 측면에서 만족스러운 것이라 할지라도, 결국은 인간적인 부분을 만족시키지 못한다.

마지막으로, 참여한 사람 모두의 견해를 결과에 반영할 수 있다. 결국 민주주의 원리가 작용하는 것인데, 표를 던진 사람은 암묵적으로 그 결과를 따르겠다는 약속을 하는 것이다. 조직생활에서 실제로 선거나 투표를 하는 경우는 거의 없지만, 민주주의의 본질적인 힘은 아직도 큰 효력을 갖는다. 정치에서도 그렇지만 해결 방안이 이상적이냐 그렇지 않느냐보다는 구성원들이 해결 방안을 수용할 자세가 되어 있느냐 그렇지 않느냐가 더 중요한 의미를 갖는다. 대부분의 경우, 기업의 탁월함은 70%의 참여와 30%의 전략으로 성취된다.

새로운 시작 강화하기

앞서 언급된 전략과 전술에 힘입어 사람들은 중립지대의 파괴적이면서도 창의적인 혼돈을 거쳐 새로운 방향에 에너지를 쏟을 수 있게 된다. 이것을 통해 사람들은 과거의 정체성을 대체할 새로운 정체성을 형성한다. 하지만 새로운 시도는 지속적인 변화의 흐름에 영향을 받아 다시 혼돈으로 회귀하기 쉽다. 새로운 정체성을 끝까지 유지하고 이러한 혼돈으로의 회귀를 미연에 방지하려면, 새로운 시작에 대한 강화가 반드시 뒤따라주어야 한다.

규칙 1 | 일관성을 유지하라

첫 번째 강화의 유형은 메시지의 일관성이다. 모든 정책, 절차, 우선순위에는 메시지가 포함되어 있는데, 조심하지 않으면 메시지 간에 충돌이 발생할 수 있다.

- 사무 자동화를 위해서는 '서류 없는 워크플로우'가 필요하다고 역설해놓고서 결과 보고서를 받을 때 타이핑한 보고서를 요구한다면, 서로 상반되는 메시지를 전달하고 있는 것이다.

- 직원들에게 예산이 부족하여 필기구나 종이 클립을 자비로 사야 한다고 말해놓고서 임원들은 비즈니스 클래스로 출장을 다닌다면, 서로 상반되는 메시지를 전달하는 것이다.

- 새로운 업무를 다섯 가지나 추가하면서 기존의 업무는 아무것도 빼주지 않는다면, 이 역시 상반되는 메시지를 전달하는 것이다(저비용 고효율을 강조하는 것도 좋지만, 그렇게 되면 완벽을 기하는 것은 포기하게 되고, 위험한 상황에 빠지게 될지도 모른다. 저비용 고효율을 위해서는 똑똑한 일처리를 강조해야 한다).

서로 상반되는 메시지는 그 자체로 혼돈을 야기하지만 다른 한편
으로 새로운 시작이 말뿐이라는 변명을 정당화시킨다.

두 번째 강화의 형태도 일관성에 관한 것인데, 좀더 구체적으로
행동의 일관성이다. 새로운 시작에 혼란스러운 면이 많은 것은 사
실이지만(여기에는 당신의 책임도 있다), 그럼에도 불구하고 당신이
중심축이 되어 일관성 있게 추진할 수 있는 일이 한 가지가 있다.
그것은 다름 아닌 행동의 일관성을 몸소 보여주는 일이다.

2장에 실린 소프트웨어회사의 예가 이 경우에 해당한다. 그 조직
의 새로운 시작은 리더가 행동이 말보다 더 중요하다는 사실을 망
각했기 때문에 순조롭게 풀리지 않았다. 3개로 나뉘어 있던 서비스
인력을 하나의 팀으로 통합하는 것에만 정신이 팔린 리더는 끊임없
이 팀워크와 집단 의사 결정의 장점에 대해서 설교했다. 하지만 스
태프에게 보고서를 요구할 때에는 언제나 팀보다는 일대일 커뮤니
케이션을 더 우선시했다.

강화의 세 번째 형태도 일관성과 관련된 것으로 보상의 문제이
다. 시스템의 전환이 필요한 시점에서 과거의 보상 방식을 고수하
는 것은 가장 흔히 저지르는 실수이면서 동시에 언제나 위험한 실

수이다. 이런 식으로는 새로운 시작을 오래 유지할 수 없다.

- 팀워크에 대해 설교하고, 뒤돌아서서는 '개인플레이'에 보상한다.

- 고객 서비스에 대해 설교하고, 뒤돌아서서는 '착실하게 규범을 준수했을 때' 보상한다.

- 모험에 대해 설교하고, 뒤돌아서서는 '무실수'에 보상한다.

- 피드백에 대해 설교하고, 뒤돌아서서는 '무비판'에 보상한다.

- 기업가 정신에 대해 설교하고, 뒤돌아서서는 '내 것만 알아서 하는 행위'에 보상한다.

- 권위의 분산에 대해 설교하고, 뒤돌아서서는 '간섭 많은 관리 방식'에 보상한다.

여기서 중요한 것은 보상이 반드시 금전적이 될 필요는 없다는 점이다. 금전적인 문제라면 이미 계약서상에 다 언급되어 있을 테니, 그 점은 안심해도 된다. 하지만 어쩌다 얻게 되는 횡재를 포함해서 대부분의 보상은 문서상으로 언급되지 않는 경우가 더 많다. 상사의 관심, 특권과 특혜, 칭찬과 상, 교육 및 자기 계발 기회의 제공 등. 다른 무엇보다도 사람들이 행동이나 태도를 바꿈으로써 조직생활이 더 편해졌다고 생각할 수만 있다면, 다른 문제는 없다. 그렇지 않다면, 보상 시스템을 다시 정비하는 것이 좋다.

규칙 2 | 단시일 내로 성과를 낼 수 있는 기회를 제공하라

중립지대는 생산성과 자신감이 저하되는 시기로서 대부분의 사람들이 자존감에 큰 타격을 입는다. 설상가상으로 그것이 힘들었던 개인의 과거사와 중첩되면, 자존감은 급속도로 낮아진다. 이런 이유로 많은 사람들이 빠른 시일 내에 성공을 가시화할 수 있는 일을 찾아 나서게 된다.

빠른 시일 안에 눈에 보일 만한 성공을 거두려면, 업무의 규모가 커서는 안 된다. 변환 생존자의 손상된 자신감으로도 얼마든지 성공시킬 수 있는 규모여야 한다. 실패의 위험이 거의 없어야 한다는 점도 고려해야 한다. 지속적인 투자가 이루어져왔고 성공이 확실시되는 분야도 좋다.

변화의 폭이 넓고 깊어 새로운 시작을 현실화하는 데 시간이 많이 걸리는 경우에 특히 이런 전략이 도움이 된다. 새로운 시작이 지연되면 신봉자였던 사람들은 의심하기 시작하고, 의심이 많았던 사람들은 비난하기 시작하고, 비난자였던 사람들은 자신의 예상이 적중했음을 기뻐할 것이다. 신봉자들에게 재확신을 주고, 의심 많은 자들을 설득시키며, 비난자들을 당혹스럽게 만들 방법으로는 이것이 제일 효과적이다.

규칙 3 | 새로운 정체성을 상징화하라

'인간은 논리적인 존재다'라는 명제로는 인간을 다 설명할 수 없다. 인간은 상상력이 있는 존재이기 때문에, 상상력을 유발시키는 환경에 반응하게 되어 있다. 개인이나 조직이 새로운 시작을 앞두고 있을 때, 별거 아닌 것처럼 보이는 일이 큰 의미로 다가오게 되는 것도 이러한 이유에서이다. 아래 두 조직의 사례가 이 점을 증명한다.

첫 번째 사례는 통합이 잘된 합병의 예이다. 신분증으로 사용될 배지의 색을 푸른색으로 할 것인가(두 회사 중 규모가 컸던 쪽에서 사용하던 색), 아니면 흰색으로 할 것인가(규모는 작지만 회사 운영은 더 성공적이었던 쪽의 색)를 두고 심각한 갈등이 벌어졌다. 결국은 새로운 정체성을 반영하기 위해 금색으로 하기로 결정했다. 그 결과, 더 이상 갈등도 없었고 성공적인 합병이 되었다. 두 번째 사례는 한 회사에서 다른 쪽을 인수하는 경우였는데, 마찬가지로 주차증을 두고 같은 갈등이 일어났다. 그런데 이번에는 해결 방법이 좀 달랐다. 합병의 주체가 되는 쪽에서 사용하던 기존의 스티커를 그대로 사용하되 활자만 바꾸기로 결정한 것이다.

중요한 점은 상징이 성공을 보장해주는 것은 아니지만, 새로운 정체성에 대한 지지의 메시지를 전달한다는 것이다. 고도의 긴장감이 감도는 변환의 시기에는 모든 것이 상징적으로 보일 수 있다(즉, 모든 것이 대단한 것으로 보인다). 어떤 경우에는 아무 의도도 없었음에도 불구하고 남들이 그렇게 봐주지 않아 난처해질 때도 있다. 하지만 상징의 특성을 알고 그것을 잘 활용하면, 얼마든지 당신의 상황에 맞게 유리하게 활용할 수 있다.

규칙 4 | 성공을 기념하라

마지막으로 시간이 지체되더라도 약속의 땅에 도착한 것을 축하하라. 변환을 시작할 때 끝냄을 기념할 만한 행사를 가졌던 것처럼, 끝날 때에도 그럴 필요가 있다. 아직 마무리지어야 할 일이 많이 남아 있는데 굳이 이때 이벤트를 해야 한다는 것이 억지처럼 보일지도 모른다. 하지만 대다수의 구성원들이 사막에서 빠져나온 것으로 판단되고, 새 목적, 새 시스템, 새 정체성이 확립되었다고 생각되면, 변환이 끝났음을 자축하는 시간을 가지는 것이 좋다. 금요일 오후 모임과 같은 소모임도 좋고 아카풀코와 같은 휴양지로 배우자와 함께 하는 여행을 기획해도 좋다. 어떤 것을 선택하든, 재미있고 특별해야 한다.

변환 프로세스를 기념할 수 있는 기념품을 만드는 것도 나쁜 생각은 아니다. 3장에서는 과거를 추억할 수 있는 기념품을 나누어주는 방법에 대해 언급했었는데, 이 경우와는 좀 다르다. '나는 합병

생존자다'라고 쓰인 티셔츠를 나누어주거나 변환 모니터링 팀에 동
참해준 것을 치하하는 감사장 같은 것을 생각해볼 수 있다. 심각한
것이든 유머러스한 것이든, 기념품을 통해서 사람들은 힘든 시간을
잘 견뎌냈다는 것을 스스로 인정하고 그 기간을 총정리하는 시간을
갖게 될 것이다.

결론

지금까지 설명한 다양한 전술들을 뒤에서 받쳐주는 생각이 하나
있다면(이것이 전술보다 더 중요하다), 계획의 수립으로 모든 것이
출발되지만 새로운 시작은 훨씬 더 느리게 진행된다는 사실이다.
변환이 제대로 관리되지 못하거나 간과되면, 새로운 시작은 성공
할 수 없다. 그럴 때 우리는 '변화가 실패했어', '기대에 훨씬 못
미쳐'라고 말한다. 모세가 이스라엘 민족을 이집트에서 끌어냈어
도 여전히 사막에서 방황하고 있는 사람들이 있었던 사실을 인정
하라.

새로운 시작 관리하기 : 체크리스트

예   아니오

___ ___ 출발은 예정대로 시작할 수 있지만, 시작은 그렇지

않다는 사실을 잘 알고 있는가? 나뿐만 아니라 다른 사람도 그렇다는 사실을 인정할 수 있는가?

_____ _____ 조직원들이 시작에 대해 양가적인 입장을 취할 수 있다는 사실을 인정하는가?

_____ _____ 끝냄과 중립지대를 잘 관리했는가? 아니면 그 과정이 끝나기도 전에 새로운 시작에 몸이 달았는가?

_____ _____ 변화의 목적(변화의 이면에 있는 관념)을 명확하게 밝히고 알렸는가?

_____ _____ 변화의 결과에 대한 그림을 그리고, 그것을 효과적으로 알릴 수 있는 방법을 찾았는가?

_____ _____ 변환의 3단계 동안 유용하게 사용될 계획을 수립했는가? 그리고 변환 관리 계획과 변화 관리 계획의 차이점을 충분히 이해하고 있는가?

_____ _____ 조직원들에게 변화의 결과에 기여할 수 있는 역할이 있음을 알리고 그것을 가능한 빨리 찾을 수 있도록 도움을 주었는가? 또한 그 결과가 조직 내에서 그 역할에 어떤 영향을 미칠 것인지에 대해서도 충분한 정보를 주었는가?

_____ _____ 변환 관리 프로세스에 모든 사람이 기여할 수 있는 부분이 있다는 사실을 확인시켜주었는가? 구성원 모두 제 역할을 이해하고 있는가?

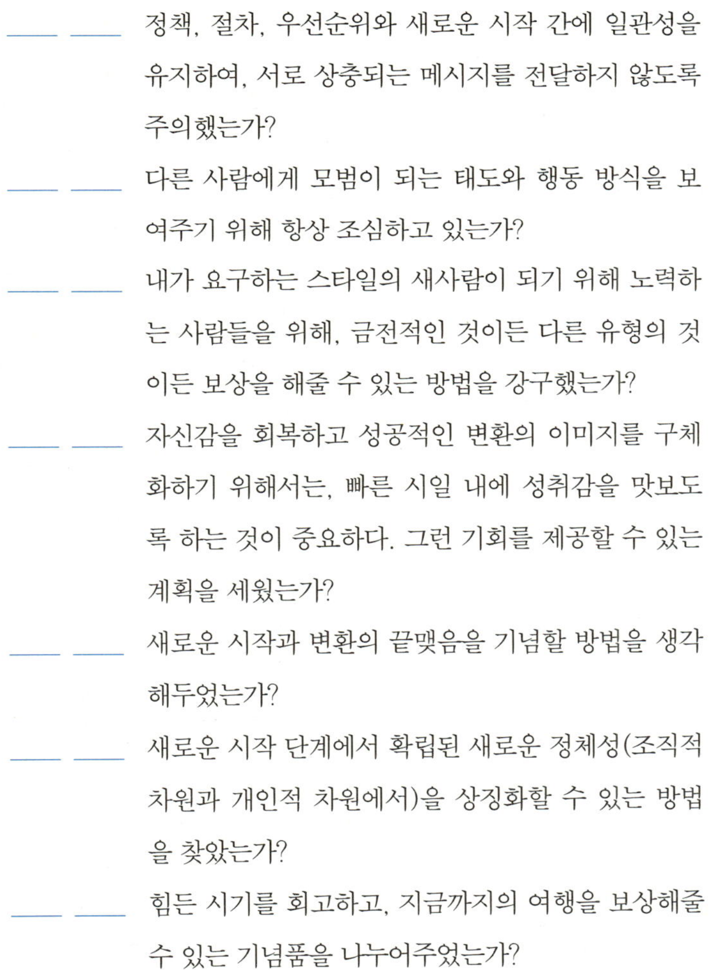

_____ _____ 정책, 절차, 우선순위와 새로운 시작 간에 일관성을 유지하여, 서로 상충되는 메시지를 전달하지 않도록 주의했는가?

_____ _____ 다른 사람에게 모범이 되는 태도와 행동 방식을 보여주기 위해 항상 조심하고 있는가?

_____ _____ 내가 요구하는 스타일의 새사람이 되기 위해 노력하는 사람들을 위해, 금전적인 것이든 다른 유형의 것이든 보상을 해줄 수 있는 방법을 강구했는가?

_____ _____ 자신감을 회복하고 성공적인 변환의 이미지를 구체화하기 위해서는, 빠른 시일 내에 성취감을 맛보도록 하는 것이 중요하다. 그런 기회를 제공할 수 있는 계획을 세웠는가?

_____ _____ 새로운 시작과 변환의 끝맺음을 기념할 방법을 생각해두었는가?

_____ _____ 새로운 시작 단계에서 확립된 새로운 정체성(조직적 차원과 개인적 차원에서)을 상징화할 수 있는 방법을 찾았는가?

_____ _____ 힘든 시기를 회고하고, 지금까지의 여행을 보상해줄 수 있는 기념품을 나누어주었는가?

새로운 시작을 성공적으로 관리하기 위해서는 조직원들에게 어떤 도움을 주어야 하는가? 오늘 당장 시작할 수 있는 일이 무엇인가? 아래 빈 공간에 간략하게 그 내용을 적어라.

6장

변환, 발전, 재탄생

사람, 제품, 시장, 심지어 사회에도 라이프 사이클이 있다. 모든 것이 출생, 성장, 성숙, 노년, 죽음을 경험한다. 라이프 사이클의 매 단계마다 특정 행동 방식이 출현한다. 조직도 단계를 넘어갈 때면 강조되는 역할이 달라지고, 그것에 따라 강조되는 행동 방식이 달라진다. 라이프 사이클 모델이 있기에 조직은 성장에 따른 문제점들을 예측할 수 있게 된다. 또한 라이프 사이클은 매 단계마다 가장 효과적인 치료법을 처방할 때 그 기준이 되는 처방틀이기도 하다.
— 아이차크 아디제즈, 「조직의 변화」

조직이나 사회에도 라이프 사이클이 존재한다는 생각은 꽤 오랜 역사를 가진다. 제너럴 모터스가 인텔보다 '더 나이가 많다'고 말하는 것은 제너럴 모터스가 인텔보다 훨씬 더 전에 설립되었다는 것을 의미한다. 유럽이 구세계이고 아메리카가 신세계라고 할 때에도 그런 개념이 적용되는 것 같다. 생물공학 분야의 벤처기업을 우리는 '유년기' 혹은 '청소년기'에 빗대어 이야기하기도 한다. 비즈니스에 대해 '성숙'이니 '말기'니 하는 말을 사용하는 사람들도 라이프 사이클을 염두에 두는 것 같다.

조직의 라이프 사이클은 여러 가지 다양한 변환들을 아우를 수 있는 보다 포괄적인 틀을 제공해준다는 점에서 대단한 의의를 가진다. 변환의 출발이 되는 끝냄은 정신적으로나 물리적으로나 매우 힘겨운 시간이다. 주변 환경의 변화 때문도 있지만, 사실은 조직의 삶에서 중요한 국면이 마무리되는 시점이기 때문이다. 조직이 새로운 시작을 하면서 직면하게 되는 어려움도 새로운 환경을 관리하는 것이 어려워서라기보다 완전히 새로운 국면(라이프 사이클의 관점에서)으로 안전하게 진입해야 하는 부담감과 새롭기 때문에 불편할 수밖에 없는 새로운 정체성에 대한 요구 때문이다.

이러한 관점에서 변환을 이해하는 데 도움을 줄 수 있는 것이 바로 조직의 라이프 사이클 지도이다(이것은 유년기, 청소년기, 성인기로 대변되는 인간 발달 이론에 비견할 만하다). 이런 지도가 없으면, 청소년기의 문제행동이 유년기가 끝나갈 무렵에 우연히 나타난 돌발적인 행동으로 비춰질지도 모른다. '청소년기'란 용어가 있어 젊은이들을 이해하는 것이 쉬운 것처럼, 라이프 사이클의 단계 구분은 조직 개발 전문가와 조직의 리더들이 조직의 문제점을 이해하고 그 해결 방법을 찾는 데 많은 도움을 줄 것이다.

아이러니한 일이지만, 조직 개발 전문가들이 '조직 발전'이라고 부르는 것과 조직의 라이프 사이클과는 거의 관계가 없다. 조직 개발 전문가들이 말하는 발전은 여러 가지 다양한 차원에서의 '개선'을 의미한다. 원활한 의사소통, 의사 결정에의 폭넓은 참여, 권위적이지 않은 리더십 스타일 등이 전형적인 조직 개발 전문가들의 목표이다. 우리가 말하는 의미에서의 발전 개념이 아니라는 뜻이다. 용어의 정의에 흠집을 내고 싶은 생각은 전혀 없다. 다만 조직 개발 분야 전문가들이 '조직 발전'에 관한 사안을 다루는 데 실패함으로써, 변환을 보다 큰 시각에서 이해하는 데 혼돈이 생기고 있다는 점을 지적할 뿐이다. 즉 조직의 복잡성이 증가하고 주변 환경에 대한 적응력이 높아지는 것은(혹은 조직의 부분, 프로젝트 팀에서부터 국제 사업부에 이르기까지) 바로 이 변환 프로세스 때문이라는 사실 말이다.

조직의 일곱 가지 라이프 사이클

셰익스피어는 '인간 삶의 7단계(Seven Ages of Man)'에 대해 썼다. 그것에 비견될 만한 조직 라이프의 7단계를 밝힌다.

중요한 점은 조직 라이프를 나누는 7단계와 명칭은 신이 정해준 것이 아니기 때문에, 꼭 그 기준에 맞춰야 한다는 당위성은 없다는 것이다. 6단계나 12단계로 나누고 다른 이름을 붙여서 당신에게 유용한 지도를 만들어도 상관없다. 나는 7단계 이론을 20년 이상 사용해오면서, 이 틀이 변환 과정에 있는 조직의 문제점을 다루는 데 가장 효과적이라고 생각하게 되었다. 당신에게도 적용해보고, 명쾌하게 설명되지 않는 부분이 있는지 생각해보라.

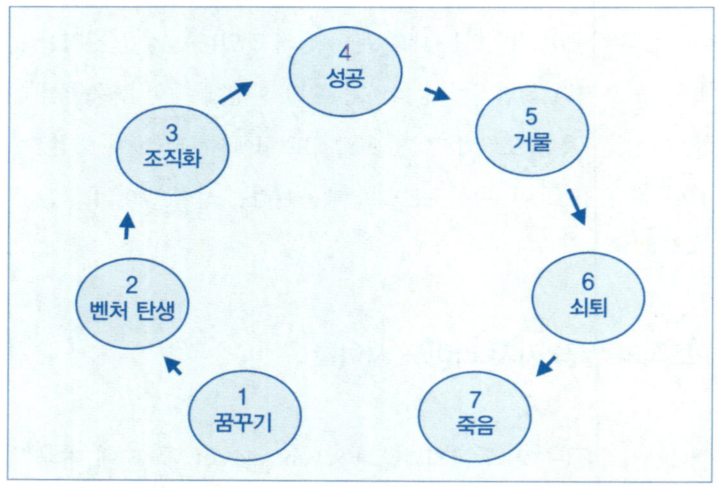

그림 6.1 조직의 라이프 사이클

1단계 꿈꾸기

첫 번째 단계는 상상하고 계획을 세우는 단계로서, 이때의 조직은 창립자의 머릿속에 하나의 아이디어로만 존재할 뿐이다. 이 기간의 주요 활동은 꿈의 내용을 구체화하고, 그 꿈을 현실화할 수 있는 물질적 토대와 자금을 구하기 위해 되도록 많은 사람들의 동참을 이끌어내는 일이다. 사무실이나 거실에 앉아 브레인스토밍을 하고 토론을 하는 데 많은 시간을 할애한다. 조직은 아직 자궁 안에 들어 있는 상태라, 가시화할 수 있는 상품이 존재할 수도 있고 그렇지 않을 수도 있다. 꿈은 포기하거나 벤처로 탄생할 때까지 그대로 유지된다(많은 꿈들이 첫 번째 단계에서 좌절된다).

2단계 벤처 탄생

조직의 유년기에 해당한다. 출산 후, 드디어 벤처가 세상에 모습을 드러내고 상품 구입도 가능해진다. 벤처는 아주 급속도로 성장하기 시작한다. 일부 벤처는 다음 단계로 진입하기도 전에 엄청난 수의 고객을 확보하게 된다. 돈을 갈퀴로 긁어모을지도 모른다. 그들이 '벤처'인 이유는 아직 성공을 못해서가 아니라, 모든 일을 육감에 의존해 처리하기 때문이다. 아직까지 공식적인 시스템은 없다(고용 정책이나 임금 체계, 작업 방식 등 아무것도 정해진 것이 없다). 사실 이 단계의 조직은 회사 로고와 은행 계좌를 공유하는 일단의 사람들의 모임, 그 이상이라고 할 수 없다.

벤처 탄생 단계에서 성공한 사람들을 보면 임시변통에 능한 것을 알 수 있다. 이 사람들은 애정 어린 시선으로 과거를 회상한다(한때 '고참'이라 불렸던 사람들). "모든 것을 다 우리 손으로 처리하고, 규정이라는 게 뭔지도 몰랐던 그때가 정말 재미있지 않았나?" 명함에 새겨 넣기 위해 직함이 있는지는 몰라도, 실제로 그 직함은 아무 의미가 없다. 일대 도약을 위한 자금을 끌어 모으기 위해서는 당분간 적금에 의존해야 할지도 모른다.

일부 벤처는 비상에 성공하고(애플 컴퓨터는 벤처 단계에 벌써 1년에 10억 달러를 버는 기업이 되었다), 그렇지 않은 조직의 성공은 아주 천천히 가시화된다. 어느 경우든 이만큼 성공하려면, 그때그때 순발력 있게 대처하는 것이 필요하다. 데이터베이스가 손댈 수 없이 뒤죽박죽되고, 컴퓨터 작업이 고도록 복잡해지고, 임금 체계에 불만을 가지는 세력이 나타나기 전에 미리 손을 써야 한다. 그리고 그 후에 조직화 단계로 넘어가야 한다.

3단계 조직화

일부 사람들에게 이 단계는 퇴보처럼 받아들여진다. 무질서하던 일에 질서를 잡아주어야 하기 때문에 시간이 지연되고, 무슨 일이든 표준화된 방식을 따라야 하기 때문이다. 고객이 주는 대로 받아 챙긴 명함을 주머니 가득 담아 가지고 다니던 사람에게, 고객 관리 프로그램에 고객의 이름을 입력하고 프로그램 사용법을 배워서 정기적으로 고객 관리를 해야 하는 상황은 관료주의의 시작처럼 비치기 쉽다. 하지만 이렇게 된 것은 더 이상 창립자의 힘만으로는 지속적인 성과를 보장할 수 없기 때문이다. 소수 구성원의 필사적인 노력은 이제 다수의 예측 가능한 행동으로 대체되어야 한다.

이 시기에는 역할이 보다 전문화되고 체계화된다. 재정적인 문제도 통제가 가능해지고, 직원들의 고용 정책도 보다 구체화되며, 회사의 출판 활동도 기금 마련 이상의 활동으로 확대된다. 새로운 사람들이 고용되는데, 그들은 이미 당신의 요구사항을 잘 알고 있다. 경험이 중요해지면서 고용 프로세스도 변화한다. 고참들은 이런 사람들에 대해 불만을 가진다. 위험해 보이기는 하지만 벤처의 특징이기도 했던 부분들, 한곳에 자리 잡고 성장하고 '가족과 같은 유대감'을 서로 공유할 수 있는 사이가 파괴되는 것을 용납하지 않으려 한다. 조직화를 쉽게 생각해서는 안 된다. 이 과정 중에 좌초하는 기업이나 기관들도 꽤 많다. 하지만 대부분은 살아남아 성숙한 조직에 필요한 새로운 구조, 관행, 시스템, 협약, 습성으로 무장한 후 이 단계를 빠져나가게 된다. 그렇게 되면, 조직은 라이프 사이클의 다음 단계로 진입한다.

4단계 성공

이제부터는 조직의 '성년기'가 시작된다. 이때부터 조직은 시장에서 중요한 자리를 차지하는 데 필요한 것들을 소유하게 된다. 여기까지 성공적으로 사업 운영을 해온 조직은 장시간 이 단계에 머무르면서 확장과 성장을 거듭할 수 있다. 하지만 이때부터는 그동안의 노력에 대한 보상이 돌아오기 시작한다. 흑자 재정, 직원 수의 증가, 상품 라인의 확장, 명성의 확대 등. 이런 상황에서 심각한 경쟁(때로는 위협적인)과 직면할 수도 있지만, 이미 시장에서 입지를 굳힌 상태로 지속적인 성장을 위한 확고한 발판과 기반을 갖고 있어 큰 문제가 되지 않는다. 이 시기에는 문제의 소지가 되고 결국엔 변화를 자처할 크고 작은 사건들이 발생하기도 하지만, 궁극적으로는 성장으로 연결된다. 그러나 이러한 변화 속에서도 조직의 근본적인 성격은 그대로 유지된다.

리더들이 자사의 성공보다 다른 분야의 경쟁자들이나 다른 유명 조직들의 특징, 즉 제도화되는 것에 더 큰 매력을 느껴 그것에 편승하게 되기 전까지, 조직의 특성은 그대로 유지된다. 이제부터 사람들은 보다 성숙한 조직은 '우리가 갖지 못한 대단한 것'을 가지고 있다고 느끼기 시작한다. 상대가 훨씬 더 대단하고 중요하며 고급스러운 존재로 생각된다. 흔히 이러한 결핍감은 물리적인 것과 연결되기도 한다. '우리같이 잘 나가는 기업이라면 본사 건물이 더 커도 되는데…. 좀더 고상한 로고가 붙은 회사 비행기도 있어야 하고.' 이러한 불만은 다음 단계로 넘어갈 시기가 되었음을 알리는 조기 신호가 아니다. 다시 말해, 기존의 방식이 효용성 측면에서 한계에 달했다거나 더 이상 효과가 없다거나 하는 문제가 아니라는 것이다. 불만은 내용의 문제가 아니라 스타일의 문제인데, 그렇다고 해서 덜 중요한 문제인 것은 또한 아니다. 이런 감정은 조직이 자기 분야에서 성공한 조직으로 입지를 굳히는 것을 떠나서 이제는 하나의 제도로서 거물이 되고픈 욕망 때문에 생겨난다.

5단계 거물

이 단계로의 변화는 미묘하지만, 그 파장은 매우 심대하다. 강조점이 행위에서 존재 양식으로, 조직의 성과에서 외부에 미치는 영향력으로 옮겨진다. 조직이 존재하는 이유도 영토를 차지하고 지키는 것에서 점유하는 것으로 바뀐다. 이런 조직에서는 이러이러해야 한다거나 이런 위치에 있는 조직이라면 이런 것을 해야 한다는 식의 이야기들이 점점 더 들려온다. 이러한 변화는 너무 미묘해서 인식하지 못하고 지나칠 수도 있다. 하지만 신입사원을 뽑는 기준을 보면 그 변화가 뚜렷이 감지된다. 재능이나 동기보다는 '우리와 잘 맞는 사람인가'가 더 중요한 기준이 된다. 조직의 명성이 중시된다. 더 이상 명성을 얻기 위한 노력 같은 것은 없다. 사람들은 아주 최근까지도 그 명성을 얻기 위해 자신들이 애써왔다는 사실을 잊는다.

누구나 중년이 되면 젊은 날에 품었던 꿈과 희망이 잘못된 것임을 깨닫게 된다. 사람의 운명, 소망, 욕망은 10년마다 바뀐다.

—볼프강 폰 괴테, 독일 철학자

　얼마 후, 이 단계에 영속성이란 특징이 결부되기 시작한다. 원하는 목적지에 도달했다는 안도감과 더 이상 성장할 필요가 없다는 해방감. 성공 단계처럼 이 단계도 장기간 지속될 수 있다. 지속적인 발전이나 성장에 대한 토론은 거의 이루어지지 않는다. 소수의 기업들(IBM이 전형적인 예)은 이 단계에서 벗어나 조직을 재탄생시키는 데 성공하였다. 그 외의 많은 기업들(지금 당장 생각나는 기업은 휴렛 팩커드이다)도 그러한 노력을 기울이고 있다. 하지만 이 단계에서 아무것도 하지 않은 채 자연스러운 흐름에 자신을 내맡긴다면, 거물은 곧 쇠퇴기로 접어들고 세계와의 긴밀한 관계도 곧 소멸된다.

6단계 쇠퇴

　이 단계의 시작은 대부분 잘 감지되지 않는데, 거물 단계의 특징인 자기만족 때문이다. 일부 분야의 경우 외부의 경쟁이 지금처럼 첨예하지 않았을 때 내부로의 집중은 오히려 귀티 나게 모양새를 다듬는 시간으로 받아들여졌고, 매력적인 면도 있었다. 일부 분야에서는, 전문가적인 특성들(의학이나 교육)이 이 단계에 들어선 조직의 내재된 특성으로 인식된다. 시장을 염두에 두지 않아도 되는 정부기관에서는 관료주의적인 성격이 두드러지게 나타난다. 하지만 시장이 경쟁적이라면(요새 경쟁적이지 않은 시장이 어디 있겠는가) 사정은 달라진다. 직원들은 고객을 저버리고 내부적인 문제에만 골몰하여, 마치 주객이 전도된 것처럼 보인다. 규율이나 자기 사정에 대해서만 목소리를 높이게 되고, 결국 회사 운영은 서서히 몰락한다. 외부 상황이나 진행되는 몰락의 속도와 관계없이, 쇠퇴기의 가장 큰 특징은 조직과 조직을 둘러싼 환경 간에 유지되던 긴장의 파괴로 나타난다. 당분간은 특별자산이나 시장에서의 독점적인 위치 때문에(생명 유지 시스템) 생존할 수 있지만, 이 단계는 궁극적, 자연적으로 죽음으로 이어진다.

7단계 죽음

인간의 죽음은 구체적인 상황과 날짜가 정해져 있는 하나의 사건인 반면, 조직의 죽음은 드러나지 않게 조용히 다가온다. 다른 기업에 인수되기도 하고, 일부는 분사나 매각의 대상이 된다. 언제 그 조직이 없어질 것인지 관측하는 것은 점점 더 어려워지고 있다. 어떤 기업들은 파산 신청을 하고 마지막 남은 에너지를 내뿜은 후, 다시 어둠 속으로 사라지는 별똥별과 같이 부활을 꿈꾸기도 한다. 최후의 생존자들이 도시 끄트머리의 초라한 창고에 모여서 머리를 맞댄다면 얼마간은 더 갈 수 있을지 모른다. 하지만 조만간 그 조직은 과거의 정체성이나 활동을 그대로 유지할 수 있는 그 조직이 아님을 깨닫게 될 것이다. 이제 라이프 사이클의 끝에 다다른 것이다.

조직의 라이프 사이클에서 변화의 역할

변환은 조직의 라이프 사이클 7단계 사이를 연결하는 동태적인 고리이다. 전 단계를 마무리짓고, 소위 중립지대라고 부르는 곳으로 사람들을 인도하여 새로운 방향과 정체성을 제시하고, 그 다음 단계의 시작이라고 할 수 있는 새로운 행동 방식과 존재 방식을 소개하는 것이 변환의 역할이다. 단 한 번만으로는 조직이나 그 구성원들을 완벽하게 변환시키는 것이 힘들지도 모른다. 대부분의 조직은 여러 번의 변환을 경험하게 되는데, 한 번씩 변환을 경험할 때마다 한 단계씩 더 발전하게 된다. 이러한 다변환 시스템은 단시일 내에 완성될 수 없다. 몇 년씩 시간이 걸린다. 하지만 시간이 아무리 많이 걸리더라도, 그것은 조직의 발전이라는 문맥 안에서 정당화될 수 있다. 또한 변환이 없으면 조직원들의 저항이 거세지고 조직의 성장이 어려워지기 때문에, 인정해야 하는 부분도 있을 것이다.

소위 '혁신'이라고 하는 것은 일반적으로 새로운 꿈을 의미한다. 철조각으로 강철을 생산해내는 미니 밀(Mini-mill)도 그러한 꿈에서 시작되었다. 기존의 철강업체들은 광석에서 철을 직접 뽑아내는 값비싸고 어려운 프로세스를 고집하고 있었기 때문에, 그 꿈을 실현하고자 했던 미니 밀은 아웃사이더가 될 수밖에 없었다. 라디오에 진공관을 대신하여 트랜지스터를 사용하는 것도 처음에는 꿈으로 시작되었다. 진공관을 사용하고 있었던 미국의 대형 전자회사들은 새로운 기술을 거부했고, 결국 그 꿈은 일본 기업에게 넘어갔다. 이 사례를 단순히 '혁신'으로만 파악하는 것은 그들이 직면했던 도전을 과소평가하는 것이다. 혁신의 주역들의 진짜 가치는 새로운 조직을 창조해냈다는 것, 즉 조직을 되살려내기 위해 라이프 사이클의 맨 처음 단계로 되돌아가야 했다는 점이다. 우리가 '혁신'이라고 부르는 것은 사실 새로운 꿈이다.

조직의 세계는 원대한 꿈을 가진 리더들로 북적인다. 하지만 꿈을 벤처로 바꾸기 위해서는 변환을 겪어야 한다. 하지만 많은 리더들이 아직 준비가 되어 있지 않다. 꿈의 실현을 위해서는 완벽한 이상이나 허황된 비전을 버리고, 벤처 창립에 필요한 타협과 땀의 노동을 시작해야 한다. 그러한 변환을 거부하는 자들은(흔히 너무 걱정이 많아서) 꿈의 단계에서 헤어 나오지 못한다. 몇 년 후 이런 사람들은 '찰리 사무실에 앉아서 최신식 컴퓨터(혹은 끝내주는 교육 프로그램이나 세계 수준의 컨설팅회사)에 대해 이야기를 나누던 시절'을 회고하게 된다. 그들은 왜 라이프 사이클의 두 번째 단계로 넘어가기 위한 절차인(즉 꿈을 벤처로 바꾸는 데 필요한) 끝냄의 프로세스를 시작할 수 없는지에 대한 이유를 열 가지도 넘게 알고 있다.

그러나 모든 사람들이 꿈을 벤처로 현실화하는 것을 어렵게 생각하는 것은 아니다. 어떤 사람들은 꿈보다 그 꿈을 토대로 조직을 만드는 것에 더 많은 관심을 나타낸다. 어쩌면 이런 사람들은 꿈 하나만으로는 오히려 불안한 사람들일지도 모른다. 그들은 사무실과 전화기, 신문 광고, 살아 있는 고객에게 전달될 상품을 훨씬 더 선호한다. 기업을 운영할 준비가 되어 있는 사람들인 것이다.

조직 발전의 법칙

익지 않았을 때 쓰지 않은 과일은 없다.

— 푸블리우스 사이러스, 라틴 작가

조직의 라이프 사이클에 대하 그다지 많은 것을 알고 있지 않아도 첫 번째 법칙은 누구나 쉽게 발견할 수 있다. 현 단계에서 가장 쉽게 적응했던 사람들이 다음 단계에서 가장 극심한 고통을 경험하게 된다. 이런 사람들은 이런 상황을 '전략적 실수', '멍청하고 불필요하며 돈만 많이 들어가는 허튼 짓'이라고 비난할 것이다. 그들은 생각할 수 있는 모든 조건을 내세워 자기 생각을 관철시키려 하겠지만, 그들의 진짜 하고픈 이야기는 변환으로 인해 자신들이 가장 의미 있다고 생각했던 것을 포기하게 되었다는 사실이 못마땅하다는 것이다. 벤처 단계에 적응력이 높았던 사람들은 다음 단계인 조직화 단계에 대해서 이와 동일한 반응을 보일 것이다. 변환을 원치 않는 사람들은 변환의 원인이 된 변화에 대해서도 반대의 목소리를 높일 것이다.

벤처 단계의 대표적 기업으로는 1930년대 말의 휴렛 팩커드, 1980년대 초의 애플 컴퓨터, 1990년대의 AOL, 2000년대의 마이크로소프트, 그리고 그 사이 생겨난 수도 없이 크고 작은 기업들이 있다. 실제로든 아니면 비유적인 의미로든, 창립자의 열정에 동조하는 소수의 사람들이 모여 차고에서부터 일으킨 벤처는 얼마간은 승승장구할 수 있다. 역할이나 하루 일과가 모호하기는 하지만, 중요한 점은 문제가 생겼을 때 언제 어디서든 그것을 해결할 수 있어야 한다는 것이다. 그리고 한 가지 더 벤처 단계의 또 다른 규칙 하나. 가장 큰 실수는 기회를 놓치는 것이다.

벤처 단계는 기업가적인 활기를 요구한다. 업무 처리 방식은 그다지 중요한 문제가 아니다. 대부분의 벤처들은 위기에 약하기 때문에 에너지, 성실, 다른 사람들을 일에 동참하게 만드는 능력, 실용적이고 융통성 있는 태도가 세심한 계획이나 검증받은 시스템보다 훨씬 더 중요하다. 벤처 단계에서는 위계질서가 확립되어 있지 않은 것이 또 하나의 특징인데, 그래도 권력자에게 불만을 가진 사람은 거의 없다. 가치관은 창립자의 가치관이기 때문에 그의 인성이 전 조직의 스타일을 규정한다. 공식적인 의사 결정 프로세스는 없다. 창립자가 결정하거나 결정권자에게 명령한다. 창립자 주위로 모여든 사람들은 전권을 휘두르는 사람을 좋아하는 경향이 있기 때문에 창립자를 이상화하고 존경한다. 충성은 사적인 감정이다.

앞서 언급했지만, 벤처는 오랫동안 유지될 수 있다. 하지만 성장해감에 따라, 벤처의 요구에 가장 잘 적응했던 사람들은 그 성공에 대해 다소 회의적인 생각을 갖게 된다. 성공은 그들의 노력으로 얻은 것이고, 성공을 통해 노력을 인정받는다. 하지만 성공은 기존의 형식이나 사고방식으로는 포용할 수도 없고, 합리화할 수도 없는 성장을 가져온다(특히 복잡성이 증가한다). 벤처가 점점 더 이러한 성공의 구조에 적응할 수 없게 되면서, 조직화 단계는 점점 더 절실해진다. 이쯤에서 우리는 조직 발전의 두 번째 단계와 부딪히게 된다. 어떤 단계에서든지 그 단계의 성공이 결국은 그 단계에서 통제할 수 없는 도전과제를 만들어냄으로써 그것의 죽음을 촉발한다.

꿈-벤처-조직화의 순서는 조직의 DNA 구조 속에 암호화되어 있는 조직의 성장 패턴이다. 하지만 그 연결고리가 되는 변환을 이해하는 것은 성장 패턴과는 무관하다. 조직화 단계에 있는 젊은 조직에는 혼돈이 나타난다. 초기의 핵심 멤버들을 가치 있는 존재로 만들어주었던 요소 대부분이 조직화 프로세스에서는 해가 된다. 창립자 자신이 자산에서 부채로 전환된 존재가 될 수도 있다. 체계가 덜 잡힌 창의력은 이제 상업적으로 생명력 있는 상품을 생산하는 계획을 방해하는 요인으로 작용한다. 그리고 기회를 찾아내기 위해 직관에 의존하던 방식은(창립자는 그 방법으로 리서치를 했고 초기 자금을 끌어들이는 데 성공했다는 사실을 자꾸만 상기시키려 하지만) 이제 경영진에게는 커다란 장애이다. 경영진은 창립자를 멀리 떼어내고 싶어한다.

이 부분에서 우리는 조직 발전의 세 번째 법칙에 도달한다. 어떤 변환에서든지, 끝냄 단계에서는 그 단계를 있게 해준 것들을 버려야 한다. 이 법칙을 깨닫는 것은 정말 가슴 아픈 일이다. 특히 지금의 모든 것이 오늘을 있게 해준 그 사람들, 그 문화, 경영진의 그 스타일, 그 전략 때문이라고 느낀다면 말이다. '조그맣던 이 회사가 이만큼 성공하는 데 내 인생을 전부 걸었는데, 이제 와서 내가 더 이상 필요 없다고! 이제 컸다 이거지? 고마워하는 마음도 없고, 의리도 없고, 예의도 없다 이거네.'

이러한 갈등은 조직 발전의 네 번째 법칙을 상기시킨다. 고통과

힘든 시간이 지속되는 곳에서는 언제나 발전적인 변환이 지속된다. 사기 저하, 그룹 내 갈등, 생산성 하락 등은 변환의 증상이자 사람들이 받는 타격이다. 이러한 문제들이 파괴적인 양상으로 나타나면, 일단은 피하고 싶은 마음이 먼저 들지도 모른다. 하지만 그렇게 한다면, 조직 발전의 다섯 번째 법칙과 직면하게 될 것이다. 라이프 사이클의 전반부에서 (성공 단계까지) 변환이 절실히 요구될 때 그것을 회피하면, 조직의 발전은 지연될 것이다. 숫자상의 성공은 당분간 지속될 수 있다. 하지만 지속적인 발전을 위한 조건은 폐기되고, 결국 지연으로 인해 조직의 존립 자체가 위협받게 될 것이다.

이렇게 해서 조직의 라이프 사이클의 전반부를 관통하는 '발전의 대법칙'이 완성된다. 하지만 일단 조직이 그 지점을 통과하게 되면, 상황은 바뀐다. 처음에는 거물 단계가 발전적인 현상이라는 것 이외에 다른 의미를 가진다는 것을 나타내는 징후들은 거의 발견되지 않는다. 하지만 사람들은 점차 형식이 기능보다 더 중요해지고 있음을 인식하게 된다. 사람들을 매개시키는 데 사용되었던 커뮤니케이션이 이제는 조건에 맞는 스타일과 방식을 선전하는 도구가 된다. 사람들의 직접적인 소통은 점점 더 줄어들고, 채널을 통한 소통이 늘어간다(자신의 방식을 따르지 않을 때는 불평한다). 모든 사람들의 참여를 유도하기 위해서는 점진적인 진행이 더 좋다는 판단 하에 변화의 속도를 늦춘다. 이 단계에 이른 조직은 관행의 안정성이나 가치관의 상실에 대한 우려가 커진다. 그러나 결과적으로는 지나친 불안이 다음 단계인 쇠퇴를 시작하게 하는 문제점을 양산한다.

일반적으로 거물기에서 쇠퇴기로 접어들게 하는 위기는 시장에서의 입지와 재정적인 안정성을 공격하는 외부적인 위협으로, 이 또한 거물기의 특정적인 행동 방식에 의해 생겨난 것이다. 이렇게 외부적인 도전이 심각해지는 상황 하에서, 정책이나 규정에 대한 집착은 문제점을 은폐하려는 행동으로 불거진다. 겉으로는 문제가 없음을 보여주려고 애쓰지만, 뭔가 본질적인 문제가 있을지도 모른다는 불안감에 시달리게 된다. 의사소통 채널의 정당성을 강조하는 분위기 때문에 조직의 의사소통 구조는 미로와 같이 변화된다. 그 안에서는 어떤 질문을 해도 해답이 돌아오지 않는다.

일반적으로 관료적인 조직이라고 하는 조직의 대부분이 이 특성을 가진다. 하지만 조직화 단계를 지나 복잡성이 증가한 조직에는 이미 이런 관료주의 요소가 어느 정도 내포되어 있다. 그렇기 때문에 무사 안일주의에 의해 창의성과 효율성이 파괴되는 현상이 일어났을 때, 그것이 쇠퇴기에 들어섰음을 알리는 가장 확실한 징후가 아닐 수도 있다는 사실을 기억하는 것이 중요하다. 쇠퇴기임을 나타내는 진정한 특징은 외부 환경과의 효율적인 의사소통을 조직 스스로가 차단하고, 사업 운영을 마치 비밀 의식이나 신비주의 의식을 치르듯 그렇게 해결하려고 하는 것이다.

100년 전 미 해군에서 '연속 목표 발포'란 개념이 처음 나왔을 때의 상황을 점검해봄으로써 쇠퇴 단계의 특징적인 행동 양식이 어떤 것인지 구체적으로 알아보자. 1900년 경, 미 해군 장교 심스는 배가 흔들리면 갑판 위 포신이 움직이는 것이 당연한 것임에도 불구하고 영국 수병들이 그 문제를 아주 쉽게 해결하고 있음을 발견했다. 그는 영국 군함들이 새로운 시스템 덕분에 미국보다 몇십 배 더 정확한 조준을 한다는 것을 증명해 보일 수 있었다. 그 이유는 미 해군이 파도와 파도 사이를 조준하는 데 안정적인 시간을 선택해 대포를 발사하는 반면, 영국 해군은 지속적으로 목표를 조준하고 발사할 수 있었기 때문이었다.

심스는 그 결과물을 미 법령국과 미 항해국에 제출하고 응답이 오기를 기다렸지만, 아무리 기다려도 소식은 오지 않았다. 그가 답장을 받은 것은 보고서를 비공식적인 채널을 통해 여러 사람들에게 돌린 후였다. 그의 이런 행동은 상사들이 그 보고서를 볼 자격이 없다는 생각을 반영하는 것이었다. 답장의 내용은 다음과 같았다.

첫째, 우리 군함은 영국 군함보다 못하지 않으며, 그 차이는 포수 훈련의 차이에 있는 게 틀림없다.

둘째, 포수 훈련은 우리 국의 책임이 아니라 귀하의 전함 장교들의 책임이다.

셋째, 따라서 연속 목표 발포는 불가능하다.

부적격성을 지적하는 맨 마지막 문구에 충격을 받은 심스는 테오
도르 루즈벨트 대통령과 직접 이야기를 시도해봄으로써 그 장벽을
자신의 힘으로 뚫어보리라 결심했다. 루즈벨트 대통령은 해군 상층
부에게 밉보인 죄로 중국으로 추방당해 있던 심스를 불러들여, 그
일을 재조사하도록 했다. 심스는 그 일로 새로운 발포 기법의 효율
성을 증명해 보일 수 있는 자리에 앉게 되었다. 해군 역사 기술가인
엘리팅 모리슨(Eliting Morrison)은 그 결과에 대해 이렇게 기술했
다. 심슨이 해군 포격 부대에 배치되기 3년 전,

노스 애틀란틱 함대 5척이 5분 동안 각각 1.4킬로미터 거리에 떨
어져 있는 폐선에 포격하는 테스트를 한 적이 있었다. 발포 25분
후, 두 대가 목표물에 맞은 것이 확인되었다. 6년 후(다시 심스 시
스템을 채택하고 3년 후) 미 해군포 한 대가 1분 동안 같은 거리에
서 2.2미터×7.6미터 목표물에 열다섯 번의 사격을 가했을 때, 그
중 절반이 1.27제곱미터 안의 목표에 정확히 조준되었음을 확인
했다.

이 일화에는 '변화에 대한 저항의 사례'라고 설명하고 넘어가기

에는 부족한 무언가가 더 있다. 이러한 행동은 쇠퇴기에 있는 조직에서 흔히 나타나는 가장 전형적인 행동 방식이다.

조직의 재탄생

라이프 사이클을 이해하지 못하면 혁신에 대해 저항감을 표시하는 행동이 조직에 나타났을 때 어떻게 손을 쓸지 몰라 우왕좌왕하게 될 뿐만 아니라, 그것이 조직 발전 단계에서 나타나는 정상적인 행동임을 부정하고 고칠 수 있는 문제점으로 인식하게 되어 오히려 그 사안을 더욱 복잡하게 만들 소지가 있다. 이러한 조직에게 필요한 것은 문제점을 고치는 일이 아니라 재탄생이다. 재탄생은 특정 관행이나 문화적인 가치를 변화시킨다고 얻어질 수 있는 것이 아니라 조직을 라이프 사이클의 출발 단계로 되돌려놓을 때 성취될 수 있는 것이다. 재탄생(혹은 라이프 사이클의 초기 단계에 조직에 만연했던 젊은 혈기)은 사실 조직의 라이프 사이클 안에 포함되어 있다. 그 안에서 바로 선택만 하면 된다. 그림 6.2에서 보는 것처럼 퇴보가 아닌 재탄생의 경로를 선택하기만 하면 된다.

그런데 올바른 경로를 선택하면 모든 것이 해결되리라는 생각은 사실 현실적인 조직 재탄생 프로세스를 과소평가하는 것이다. 왜냐하면 조직에는 '면역 시스템' 이란 것이 있어서 조직이 이런 선택을

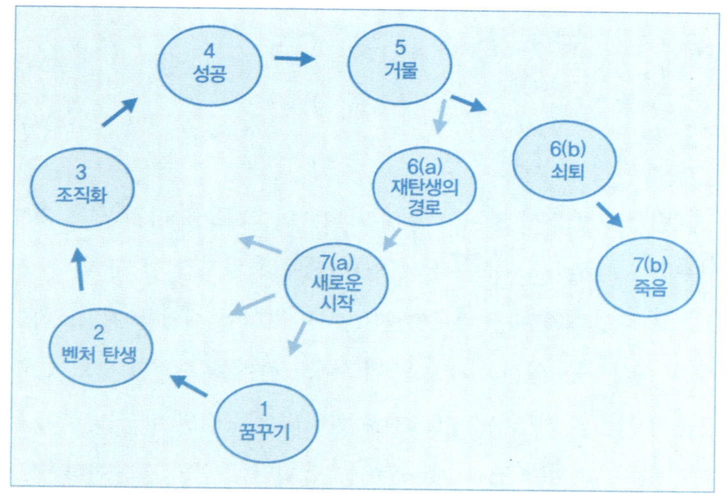

그림 6.2 조직의 재탄생

하는 것을 방해하기 때문이다. 이 경로로 가고자 하는 리더들은 자신이 어떤 선택을 할 것인지, 그리고 어떤 자원을 이용해야 하는지에 대해 명확히 알고 있어야 한다. 그래도 제너럴 모터스, 미 해군, IBM과 같은 기업들은 이런 선택이 성공할 수 있고, 이로 인해 늙은 조직(죽음으로 향해 가고 있던 조직)도 다시 젊은 혈기를 회복할 수 있다는 사실을 입증하고 있다.

그림 6.2가 보여주는 것처럼, 재탄생에는 항상 라이프 사이클의 초기 3단계에 집중되었던 에너지를 재포착하여 재통합하는 과정이 포함되어 있다.

1단계 다시 꿈꾸기

재탄생은 반드시 조직의 토대가 되었던 그 꿈을 다시 꾸는 것에서부터 시작된다. 새로운 꿈의 형태는 여러 가지가 될 수 있다. 서비스로 사업의 방향을 바꾸는 것(IBM), 리더십 개념을 재창조하는 것(미 해군) 등. 완전히 새로운 비즈니스 분야를 개척할 수도 있고, 단순히 기존의 비즈니스를 그대로 살리되 접근법만 바꾸는 것이 될 수도 있다. 하지만 조직 재탄생에는 언제나 조직의 활동이나 구조의 기초가 될 수 있는 새로운 중심 개념을 개발하는 일이 포함되어야 한다.

2단계 벤처 정신 되찾기

다음으로 조직은 벤처 정신을 되찾아야 한다. 벤처였을 때의 방식은 젊은 조직에게 자연스러운 것이었지만, 시간이 지나면서 과거에 묻혀 잊혀졌다. 역할과 구조를 새롭게 규정하면 어느 정도 소기의 목적을 달성할 수 있다(재탄생의 세 번째 단계에 해당한다). 하지만 더 효과적인 방법은 리더십 개발 운동의 도움을 받아 새로운 문화와 새로운 리더십 스타일을 강조하는 것이다. 재탄생 노력을 주도하는 지도자는 벤처 창립자와 같이 행동할 필요가 있다. 업무·

직무 간의 경계 허물기, 융통성 있고 신속한 의사 결정 프로세스, 고객과의 친밀한 관계 형성 등.

3단계 재조직화

재탄생을 위해서는 반드시 조직화 단계를 다시 밟아야 한다. 조직의 정책, 역할 구조를 젊은 조직의 그것과 거의 근사하게 리모델링한다. 물론 이번 조직화의 방향은 처음과 다를 수밖에 없다. 처음부터 다시 시작하는 것이 아니라 성공한 조직의 요소들을 재발견하는 것이 좋다. 때로는 큰 단위를 작은 단위로 나누고, 그렇게 나뉜 단위를 기업 속의 작은 벤처기업으로 대접해야 하는 경우도 생길 것이다. 성취 실적에 따라 임금이 결정되도록 보상 시스템을 개편하는 것도 중요하다. 고용 시스템도 바뀌어야 한다. 일반적으로 구직자가 조직이 원하는 업무를 처리할 수 있는 확실한 능력이 있음을 증명하는 것은 자격증과 공식적인 경험이다. 새로운 고용 시스템에서는 이러한 자격요건 중심의 고용 방식에서 벗어날 필요가 있다.

> 떠나보내야 하는 과거보다 더 아쉽고 소중한 것은 없다.
>
> —제시민 웨스트, 미국 작가

조직 재탄생에 광범위한 변환이 요구된다는 사실은 말할 필요도 없다. 거물기의 관행과 문화에 익숙해져 있는 사람들은 그 단계에서 보상받을 수 있었던 기대와 가정(假定)을 버려야 할 것이다. 그 기대와 가정은 그 단계에서만 극히 자연스러운 것이었으며, 그 단계가 원하는 결과를 성취하는 데 유용한 수단이 되었음을 기억하라. 하지만 이런 기대와 가정을 가진 사람들이 괴짜나 게으름뱅이인 것은 아니다. 최근 예상치도 않은 방향으로 선회하기 전까지, 그들은 조직에서 가장 유능하고 촉망받는 사람들이었다.

그렇기 때문에 변환은 어렵고, 힘든 위기의 시기가 된다. 조직 창립 이후부터 추구해왔던 경로를 갑자기 완전히 다른 방향으로 선회하는 것이기 때문이다. 쇠락의 길로부터 멀어지기 위해서는 이러한 방향 선회가 필요하지만, 그렇다고 해서 변환에 필요한 끝냄의 과정이 대부분의 사람들에게 편안하게 여겨질 수는 없다. 리더는 자신의 목표에 어떤 함축적 의미가 있는지 파악해야 한다. 또한 조직 재탄생의 절심함 때문에 고통스러운 변환 프로세스를 외면해서도 안 된다. 또한 리더들에게 자문을 제공하는 인사 담당자나 조직 개발 전문가가 재탄생 노력에 변환 관리가 반드시 필요하다는 사실을 인지하는 것 또한 매우 중요하다.

그리고 한 가지 더, 이러한 자문 제공자들이 확실히 해두어야 할 것이 있다. 자신들의 충고가 조직 발전이라는 큰 정황 안에서 나온 것이며, 라이프 사이클의 자연스러운 경로를 따라가는 방법이라는 사실을 주지시켜야 한다는 것이다. 즉, 재탄생이 필요한 시기에는 바로 지금이 방향을 선회하여 공식적인 재탄생 프로그램을 운영해 새로운 시작을 현실화해야 할 때라는 사실을 적극적으로 알려야 한다는 것이다. 앞서도 지적했지만, 소위 조직 개발이라고 부르는 것은 발전이라는 개념과 하등의 관계가 없다. 그저 기계적인 문제점을 고치는 기술에 불과하다고 보면 된다. 물론 기계적인 것과 발전과는 관계가 없다. 자동차에 문제가 생겼을 때, 기계 수리공은 '지금 그 단계를 지나온 것 같습니다', 혹은 '청소년기에 있는 자동차들이 흔히 운전자와 권위적인 문제로 충돌하죠' 라는 말을 하지 않는다. 하지만 조직은 단계를 통해 발전하며, 매 단계마다 직원들과 리더는 예측 가능한 도전과 직면한다. 그리고 단계 사이마다의 변환은 포기, 중립지대 통과, 새로운 시작의 실현에 따르는 모든 문제점을 야기한다.

재탄생 경로 선택하기

다른 유기 생명체의 라이프 사이클과 마찬가지로, 기업이나 기관은 조직의 자연스러운 발전 사이클에 따라 여러 가지 단계를 거치게 된다. 마치 도토리에서 참나무가 자라 나오듯이, 이 단계들은 조직이 맨 처음 품었던 꿈의 씨앗에서 자라 나온다.

사이클의 첫 번째 네 단계는 '성장' 이라는 긍정적인 의미를 내포한다. 단계를 밟아 나가는 것을 거부하는 조직이 어려움을 겪는 것처럼, 이 중 어느 하나를 건너뛰려는 조직도 곤경에 처한다. 하지만 다섯 번째 단계(거물)는 다르다. 몇몇 사람들이 고객 서비스가 무시되고 의사 결정 시간이 지연되는 것에 불평하기도 하지만, 대부분의 사람들에게 이 단계는 앞으로의 진전으로 받아들여진다. 하지만 시간이 지나면서 단점들은 점점 더 심각한 문제들을 일으키기 시작한다. 사태 파악에 본능적인 감각을 갖고 있는 리더들이라면 이때 조직의 소생을 위해 무엇이 필요한지 진지한 고민을 시작해야 한다.

미래를 내다볼 줄 아는 리더들은 변환과 관련된 다음 세 가지 질문을 스스로에게 해야 한다.

인생에서는 얻는 것보다 잃는 것이 더 중요하다. 씨앗이 싹이 트려면 먼저 썩어야 하듯이.

__보리스 파스테르나크, 러시아 작가

첫째, 무엇을 버려야 할 때인가? 과거의 방식과 그 방식의 토대가 된 태도에 집착하는 한 재탄생은 성공할 수 없다. 다른 사람들이 포기해야 할 것을 찾는 것이 때로는 내가 포기해야 할 것을 찾는 것보다 더 쉽다. 솔선수범이 가장 강력한 도구임을 잘 아는 현명한 리더들은 언제나 먼저 모범을 보인다. '재탄생의 길로 들어서려면 나의 정체성(나의 경험) 중에서 어느 부분을 포기해야 할까?' 이런 질문을 미리 고민해보지 않는다면(물론 해답을 구할 일도 없다), 혼돈만 가중시키고 아무런 성과도 없는 '변화'를 부르짖는 조직이 될 것이다.

둘째, 중립지대를 어떻게 통과할 것인가? 참을성 없는 리더들은 다시 꿈꾸기, 벤처 정신 되찾기, 조직 재탄생을 위한 하부 구조 만들기가 끝나면 내일 당장 기대하는 결과가 나오는 줄 안다(결과가 목전에 있는데 뭘 더 기다리나). 하지만 당신은 '사막에서의 시간'을 건너뛸 수 없다. 이스라엘 민족들이 재탄생을 성공시켰던 곳은 바로 사막이었음을 기억하는가? 당장 변화를 시작하는 것도 좋은 생각이다. 하지만 변화란 오랫동안 씨름해야 할 복잡한 프로세스라는 사실을 고려해야 한다. 변환은 최소 몇 달이 걸릴 수도 있다. 게다가 조직의 규모가 크고 복잡한 경우에는 몇 년이 걸릴 수도 있다. 그리고 그 시간의 대부분은 사막에서 보내게 될 것이므로 되도록 편해야 한다. 그렇다면 편안하게 중립지대에서의 시간을 보내게 하려면 어떻게 해야 할까? 불안감을 제거하고 생산성을 높이기 위해, 잠정적으로 중립지대에서 사용할 수 있는 규칙, 구조, 자원에는 어떤 것이 있는가? 최소한 사람들은 왜 자신이 그런 입장에 있어야 하는지, 그리고 어떻게 그 지대를 무사히 빠져나갈 수 있는지에 대해 명쾌한 해답을 갖고 있어야 할 것이다(5장의 '새로운 시작의 타이밍'에 나오는 네 가지 P를 기억해보라).

셋째, 새로운 시작이 우리에게 요구하는 것은 무엇인가? 당신이 새로운 시작에 적합한 행동 방식과 태도를 빨리 체화할수록, 조직원들이 원하는 모습의 리더를 갖게 될 시간은 더욱 단축될 것이다. 하지만 이 점은 꼭 기억해두라. 커뮤니케이션을 할 때에는 변환의 전 과정에 있는 사람들을 대상으로 해야지, 당신이 원하는 위치에 있는 사람들만을 대상으로 해서는 안 된다. 또한 그들이 필요로 하는 도움은 당신이 목표로 하고 있는 그 목적지에 이르는 방법에 관한 것이 아니라, 목전에 둔 어려움을 극복하는 데 필요한 도움이라는 사실도 명심하라. 새로운 시작의 성공에 필요한 새로운 태도와 행동 방식을 개발하려면 어떤 강화 방식을 사용하는 것이 가장 좋겠는가?

조직 라이프 사이클의 시작과 끝을 장식하는 변환은 기업이나 기관에만 한정된 현상이 아니다. 변환은 조직 내부의 작은 단위들의 삶과 발전을 지배한다. 비즈니스 기회를 잡기 위해 새로운 지역에 사무소를 세운다고 해보자. 이 일은 누군가의 꿈에서 시작된다. 돌파구가 될 상품을 개발하는 신규 프로젝트도 처음에는 꿈에 불과하다. 경쟁자였던 상대와 공동으로 벤처를 창립하는 일, 기업 문화의 변화를 꾀하는 일, 새로운 지배 구조를 세우는 일이 그런 것처럼 말이다. 이처럼 조직이 하는 모든 일은 조직의 라이프 사이클을 따르게 된다(일곱 가지 단계와 사이마다의 변환 포인트). 조직의 특성에 따라 그 양상은 다르겠지만, 사이클의 시작과 끝은 어디서나 동일하다. 리더들은 그 점을 이해해야 하며, 조직을 이끄는 일은 결국 예측할 수 있는 조직 발전의 단계들을 밟아 나가는 프로세스임을 재인식해야 할 것이다.

결론

변환에는 변화를 인간적인 측면에서 해석한 것 이상의 의미가 있다. 변환은 변화가 발생했을 때 사람들이 겪는 심리적인 과정이며 새로운 방식에 재순응해가는 방식이다. 또한 변환은 조직 발달의 매 단계마다 겪어야 하는 경험이기도 하다. 대개 그런 경우에는 변환이 매개가 되어 일어날 만한 변화는 일어나지 않는다. 그저 뭔가 달라졌다는 느낌만 있을 뿐이다. 새로운 계절이 오는 것 같아도, 날씨가 매일 바뀌기 때문에 진짜 계절이 바뀌었는지를 알 수 없다. 하지만 그것도 잠깐, 곧 초기의 전조들이 의심의 여지가 없는 징후들로 바뀌고, 모든 이들이 중요한 변화가 도래했음을 감지할 수 있다.

이런 일은 조직의 라이프 사이클의 각 단계가 끝날 때 나타나는 현상이다. 끝냄을 알리는 확실한 사건, 즉 공개적으로 가시화할 수 있는 대단한 사건은 거의 일어나지 않는다(그저 과거에 익숙했던 방식이 점차적으로 끝나가는 것을 느낄 뿐이다). 새로운 요구의 압력이 심해지는 상황에서 모든 상황이 새로운 면모를 갖게 된다. 나중에 과거를 되돌아보면, 언제 어떻게 변화가 일어났는지 알 수 있을지도 모르겠다. 이 장의 내용으로 왜 변화가 일어났는지에 대해서도 설명할 수 있을 것이다. 시간이 지나면 모든 것이 분명해진다. 나와 같이 일했던 임원들은 대개 어느 정도의 시간이 지났을 때, 자신이 조직 발달의 어느 단계를 지나왔으며 변환을 촉발시킨 사건이 어떤 것인지 쉽게 식별해냈다. 하지만 그들도 그 당시에는 사태를 정확하게 파악하기가 어려웠다.

이러한 모호함은 재탄생에서도 똑같이 존재한다. '지금 꼭 해야 하는가? 진짜 쇠퇴 단계에 우리가 도달했는가?' 그렇기 때문에 리더는 조직 발전에 관한 내용을 전부 알아두어야 한다. 이런 질문이 나왔을 때 해답을 제시하는 것이 리더의 직분이다(결정적인 증거가 없을 때도 그래야 한다). 조직 발전의 사안에 대해 생각을 정리해주어야 하는 것도 리더의 역할이다(대개는 확실한 데이터도 없다). 애석한 일이지만, 재탄생이 필요한 시점에 왔는지 알려줄 리트머스 종이는 없다. 하지만 라이프 사이클의 어느 단계에서 재탄생이 가장 필요한지, 그리고 어떻게 해야 그 난국을 가장 쉽게 빠져나갈 수 있는지 알고 있으면 큰 도움이 된다. 각 발달 단계의 특징과 그때 나타나는 변환에 사람들을 혼란에 빠뜨리는 성격이 있다는 사실을 이해하는 것도 도움이 된다. 또한 큰 고통 없이 변환의 3단계를 통과해 갈 수 있도록 변환을 관리하는 방법을 터득하는 것도 중요하다. 그렇게 하면 왜 사람들이 변환을 불편해하는지, 그리고 왜 그 '시시한 변화'가 일어났을 때 불편한 속내를 드러내지 않았는지 이해할 수 있을 것이다.

변환과 재탄생 : 체크리스트

_____ _____ 조직의 라이프 사이클 7단계, 또한 어떻게 해서 각 단계 사이에 변환이 생겨나는지 이해하고 있는가?

_____ _____ 지금 내가 속해 있는 조직이 조직의 발전 단계 중 어디에 해당하는지 파악할 수 있는가(다른 조직에 대해서도)?

_____ _____ 조직의 현 상황이 특정 발전 단계에서 나타나는 현상인지 아니면 단순한 현상인지 구분할 수 있는가?

_____ _____ 조직 라이프 사이클의 첫 단계를 대표했던 원래의 꿈이 무엇인지 지금 알 수 있는가?

_____ _____ 벤처 단계의 특징과 그것이 죽음에 이르게 되는 과정을 설명할 수 있는가?

_____ _____ 체계적으로 일을 처리하려는 일상적인 노력과 조직화 단계의 차이를 이해하고 있는가?

_____ _____ 성공 단계에서 거물 단계로 옮아갈 때 나타나는 새로운 관심사와 태도를 설명할 수 있는가?

_____ _____ 왜 거물 단계가 조직에게 '진실의 순간'이 되는지 이해하는가? 즉 왜 이 시기에 조직의 생존과 관련된 중요한 결정이 필요한지 알고 있는가?

_____ _____ '대부분의 경우 조직 개발이라고 하는 것은 발전에

관한 것이 아니다. 그것은 문제점의 개선에 관한 것이다' 라는 문장이 무슨 뜻인지 설명할 수 있는가?

조직 발전의 매 단계마다 나타나는 변환 프로세스를 관리할 계획을 수립할 때, 변환에 관련된 세 가지 질문을 신중하게 고려해야 한다. 어떤 질문을 해야 하는지 잘 알고 있는가?

3부

조직과 개인의 삶에서의 지속적인 변화 관리

Part THREE

Dealing with Nonstop Change in the Organization and Your Life

7장

지속적인 변화 관리 방법

20세기의
흠을 꼭 한 가지 찾아내야 한다면,
난 이 두 단어로 표현하고 싶다.
Too adventury(너무 사건이 많았다는 것).
내가 원하는 것은 기분 좋으면서도 지루한 단조로움.
누구라도 그걸 바랄 테지만.

__ 오그덴 내쉬, 미국 시인

문명에는 그것과 상반되는 불안정성이 언제나 함께했다는 사실을 인정해야
한다. 하지만 전반적으로 위대한 시기는 불안정한 시기였다.

__ 알프레드 노스 화이트헤드, 영국 철학가

'유일하게 영속적인 것은 변화다'라는 말은
이제 진부한 표현이 되었다(이미 2,500년 전 그리스 철학가 헤라클레
이토스도 똑같은 말을 했다니 얼마나 아이러니한가). 하지만 누구나
공감하는 사실, 오늘날의 변화는 예전과 많이 달라졌다. 오늘날의
변화는 지속적으로, 쉼 없이, 도처에서 진행된다. 부서가 구조조정
의 대상이 된다. 하지만 부서장이 바뀌고 나서도 구조조정은 끝나
지 않았고, 부서장은 또 다른 구조조정을 구상한다. 데이터베이스

가 바뀌고 난 후 혼란이 있었지만, 모두 잘 극복한다. 그런데 얼마 지나지 않아, 회사에서는 유통 프로세스 전체를 외주로 주겠다고 발표한다. 여기서 이야기되고 있는 변화는 단일한 변화가 아니라 지속적인 현상으로서의 변화이다. 하나의 이미지가 아니라 콜라주와 같이 변화 위에 또 다른 변화가 중첩된다. 우리의 눈으로 확인할 수 있는 한 그 모든 것은 변화이다.

사정이 이러하기 때문에, 어쩌면 변환이란 것이 인위적인 것처럼 보일지 모르겠다. 자연에서는 존재하지 않고 오직 실험실에서만 볼 수 있는 순수 물질처럼 말이다. 어떤 의미에서는 맞는 말이다. 내가 그리고 있는 변환의 이미지는 이상적인 것이다. 자연 세계의 어떤 물질보다 완벽해 보이는 교과서의 식물이나 광물 도해처럼 말이다.

하지만 명확하게 제시할 수 있는 변환의 이상적인 이미지도 유용할 때가 있다. 아이러니한 이야기이지만, 수많은 조직들이 그동안 변화에 대해 거의 관심을 기울이지 않은 이유 중 하나는 그 위력에 압도당했기 때문이다. 너무나 가까이에 있어서 볼 수 없을 뿐, 변환은 도처에 널려 있다. 일단 변환의 이상적인 형식을 이해하고 있으면, 조직 변환의 내적인 역학이나 외적인 효과를 쉽게 이해할 수 있다. 다행스럽게도 실제 변환 과정도 (데이지꽃 실물이나 실제 금광석처럼) 다이어그램화된 변환 과정과 별반 다르지 않기 때문에 쉽게 식별할 수 있다. 하지만 그렇다고 해도, 이제부터는 이상적인 변환의 이미지에 매달려서는 안 된다. 지속적으로 변화하는 환경 안에서 만들어지는 팩트(facts)를 적절히 관리할 수 있어야 한다.

—중국 속담

3단계

중첩

이상적인 변환의 개념도는 변환, 중간지대, 그리고 새로운 시작을 일렬로 배열한다. 하지만 이 세 단계는 경계가 분명하게 정해져

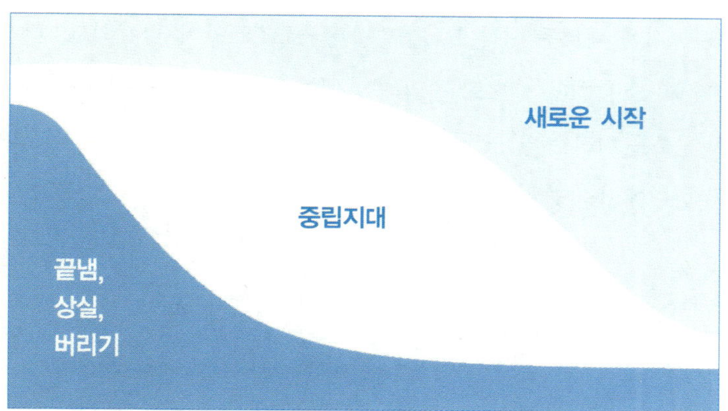

그림 7.1 변환의 3단계

있는 개별적인 관계가 아니다. 그림 7.1이 보여주는 것처럼, 변환의 3단계는 일직선상의 프로세스라기보다는 서로 겹쳐지면서 곡선을 이루는 층 구조를 하고 있다.

각 단계는 전 단계가 끝나기 전에 시작될 수 있다. 두 단계(혹은 세 단계)가 동시에 나타나는 것은 이러한 이유에서이다. 또한 변환의 프로세스가 한 단계씩 밟아가는 것이 아니라 어느 하나가 다른 하나보다 더 우세하게 나타나는 것도 이러한 이유 때문이다.

변화는 동시다발적으로 일어난다

변화가 자꾸 복잡해지는 것은 변화가 꼬리에 꼬리를 물고 쉼 없이 계속되기 때문이다. 예를 들어, 정보 관리 시스템을 새로 구축하는 변화 프로세스를 추진하고, 이것이 거의 완료 단계에 이르는 것과 동시에(새로운 시작에 돌입한다) 구조조정안이 발표되고, 다시 변환의 소용돌이 안으로 진입해야 하는 경우가 있을 수 있다(과거의 구조를 버리는 일). 설상가상으로, 지난달 시작된 해고 조치로 다른 한편에서는 중립지대가 전개될 수도 있다.

모든 것은 단번에 처리해야 한다(Omnia uno tempore agenda)
__ 줄리어스 시저의 부대가 네르비이인들의 동시다발적인 기습공격을 받은 적이 있었다(적군은 부대의 측면을 세 군데서 공격해 들어왔다). 그 와중에도 일부는 강을 건넜고, 일부는 캠프를 세웠다.

리더나 관리자로서의 경험은 오케스트라 지휘자의 경험에 비견

될 수 있다. 오케스트라 지휘자는 여러 가지 다양한 악기들이 제각기 다른 음을 내면서, 서로 다른 곳에서 시작하고 끝을 내는 것을 하나도 놓치지 않고 살펴야 한다. 전체에 대한 감을 유지하면서 각각의 파트에 관심을 기울여야 한다. 그리고 멜로디와 조화에 대한 전체적인 구상을 갖고 있는 것도 중요하다. 그렇지 않으면, 작은 변화가 나타났을 때 그것을 전체적인 음악과의 연관성 속에서 파악하지 못하고, 별개의 멜로디로 생각하게 될지도 모른다.

지속적인 조직 변화를 관리하기 위해 제일 먼저 해야 할 일은 서로 분리되어 있는 별개의 변화들을 통합하여 하나의 큰 틀을 만드는 것이다. 전략적인 대변화가 있을 시에는, 조직의 리더가 그 틀을 공식적으로 발표해야 한다. 리더가 이 일을 알아서 해준다면, 정말 다행스러운 일이다. 전적으로 그 논리에 동조하지 않더라도, 적어도 일관성 있는 계획이기 때문에 우왕좌왕할 일은 없을 것이다.

한편 이런 큰 틀이 존재하지 않을 경우에는, 당신 스스로 변화를 분석하여 기저에 있는 공동의 목적을 찾아내야 한다(따로 만들어내야 할 수도 있다).

- 비용 절감

- 경쟁자에게 빼앗긴 시장 탈환

- 달라진 공개 여론 풍토에 창의적으로 대처

- 권한의 분산을 통한 의사 결정 프로세스 가속화

조직의 역사를 '삶의 역사'라 생각하고, 현재를 '삶의 장'이 이쪽
에서 저쪽으로 넘어가는 교차점이라고 가정하라. 교차점의 양쪽에
놓인 '장'에 이름을 붙인 후 현재를 바라보면, 이쪽과 저쪽의 변화
를 아우르는 지금의 변화가 어떤 것인지 보다 확실해질 것이다.

이 방법이든 아니면 다른 방법이든, 구체적인 변화를 통합하고
그것을 타당성 있게 설명해줄 수 있는 보다 큰 패턴을 찾아야 한다.
(어렸을 때 퍼즐 게임을 좋아했다던 어느 고객은 이런 말을 했다. "점
끼리 연결해서 '숨겨진 그림'을 찾는 것과 마찬가지죠.") 숨겨진 패턴
을 찾고 나면, 여러 반응들을 일괄적으로 통솔하는 것이 훨씬 더 쉬
워질 것이다.

가속화되는 변화

당신에게도 변화에 대한 적응력이 있을 것이다. 항상 너무 늦게
발동이 걸리는 바람에 변화에 대한 적응을 어렵게 만들긴 했어도
말이다. 인류는 점점 더 빠른 속도로 보다 새롭고 강도 높은 변화에
잘 적응해왔는데, 이것도 인간이 가진 능력이다. 만일 18세기의 유
럽인들을 월스트리트나 도쿄의 도심 한가운데에 데려다놓는다면,
그들은 거기서 일어나는 엄청난 변화에 놀라 자빠질 것이다. 하지
만 현대인들은 매일같이 그러한 변화들을 훌륭하게 소화해내고 있

다. 불과 2세대 전만 해도 사람을 반쯤 죽여놓고도 남았을 그런 변화들을 말이다.

변화 관리에 있어 가장 힘든 일은 변화의 속도가 아니라 가속도가 붙은 속도의 변화이다. 지난 수십 년간 적응하는 데 애를 먹이고, 우리를 변환의 한가운데로 내던진 것은 바로 변화 속도의 가속화였다. 속도의 변화는 무엇이든 우리를 당혹스럽게 한다(감속도 다르지 않다). 변화가 갑자기 중단되어도 힘들기는 마찬가지이다. 왜냐하면 속도의 지연 그 자체가 변화가 되고, 그로 인해 또 다른 변환이 야기될 것이기 때문이다.

이것은 말장난이 아니다. 기업은 성장하고 발전하고 노화하는 과정을 겪게 되는데, 속도의 지연은 기업이 표준화된 시스템과 정책을 구축하려고 할 때 가시화된다. 앞장에서도 살펴본 바와 같이, 과거의 방식에 익숙해져 있었던 대다수의 사람들은 무질서한 현실에 불평불만을 가지게 된다. "이제 재미있는 일은 하나도 없어." "옛날이 참 일하기 좋았는데." "다른 기업과 다른 게 없잖아." (이들이 내 제안을 따랐다면 과거와 현재에 이런 이름을 붙였을지도 모르겠다. 과거에는 '안녕, 카멜롯 성이여' 그리고 현재에는 '평범함의 세계에 들어오신 것을 환영합니다!')

자투리 변화는 뒤로 연기하라

다양한 변화를 같은 종류끼리 묶는다고 하더라도, 변화의 수가 워낙 많으면 역시 효과적인 관리가 어렵다. 그럴 때는 할 수 없이 잘라내야 한다. 지금부터는 외부 세계나 조직 내의 다른 부서가 당신의 비즈니스에 영향을 미치는 것을 못하게 막을 수는 없다. 하지만 당신이 원하는 변화와 관계없는 부차적인 변화들은 얼마든지 연기시키거나 취소할 수 있다. 우발적인 변화에서 얻을 수 있는 이득은 파괴적인 영향력을 상쇄할 수 있을 만큼 크지 않다. 또한 작은 변화들을 아무 생각 없이 큰 변화에 덧붙이게 되면, 중요한 변화마저도 위태로워진다.

우리의 사고를 편향되게 만드는 것은 습관과 신기함이란 두 가지 상반되는 특성이다.

장 드 라 브뤼에르, 프랑스 작가

우리는 가끔씩 워낙 많은 것이 변하니까 모든 것을 다 바꿔도 된다고 생각한다. 그러나 이 말은 그 '모든 것'이 서로 관련 있는 것일 때만 의미가 있다. 하지만 리더나 관리자가 개인적으로 변화에 맛을 들여 자꾸만 다른 변화를 추가하는 일은 의외로 자주 일어나고 있다. 이런 리더들은 위기 상황에서 솟아 나오는 아드레날린의 분비를 즐기는 사람들이다. 변화에 중독된 리더는 제아무리 카리스마가 있고 그럴싸한 변명으로 자신을 정당화한다고 하더라도 위험한 인물이다.

가능한 예측을 많이 하라

경제적·사회적 현상을 예측한다는 것은 정말 대단한 일이다. 하지만 예측은 언제나 기회 상실과 연관이 있다. 존 나이스비트(John Naisbitt)의 『메가트랜드 *Megatrend*』가 인기를 끌면서 그 아류작들이 여러 편 쏟아져 나왔는데, 모두 미래를 알고 싶은 인간의 자연스러운 욕망에 대해 다루고 있다. 그런데 문제는 이 책들이 우리의 미래를 정확하게 내다보는 데 실패하고 있다는 것이다.

스톡 피커(stock picker)들을 생각해보라. 좋은 주식을 골라서 투자하는 것이 그들이라지만, 당신이 아무렇게나 찍어서 고른 주식보다 더 좋은 수익률을 내는 경우는 거의 없다. 아니면 불티나게 팔려나갈 거라던 신상품을 생각해보라. 전문가들은 모두 그 제품들이 성공할 거라고 했지만 실패했다. 그런데 이런 예측의 대부분은 미래를 만들어내는 힘보다 현재를 움직이는 조건에 더 많이 의존한다. 1988년 동유럽의 변화를 준비했다고 자부하는 사람들도 21세기의 현실을 내다보지 못했다. 그들은 1980년대의 연장선상에서 벗어날 수 없었다.

미래에 대한 예측만 믿고 계획을 세웠던 그들과 닮은꼴인 사람들
이 제1차 세계대전 때 탱크도 뚫을 수 없는 난공불락의 요새를 만들
었던 프랑스인들이다. 그들은 육군 장성 앙드레 마지노(Andre
Maginot)의 이름을 따서 이 요새를 마지노선이라 불렀는데, 이것은
제2차 세계대전 때 독일인들에 의해 뚫렸다. 수직 통합 원칙을 고수
했다가, 나중에 기업의 대형화가 한낮 유행에 불과했음을 깨닫고
망연자실한 기업들도 다르지 않다(기업 확장이 거의 완성될 즈음 시
장은 집중과 틈새시장을 선호하는 분위기로 돌아섰고, 이제는 모두 틈
새시장 찾기에 혈안이 되어 있다).

예측에는 두 가지 문제점이 있다. 첫째는 사태의 연관성이 너무
복잡하고 그 복잡성의 결과마저도 예측이 불가능하기 때문에, 미래
를 자신 있게 예측한다는 것이 거의 불가능에 가깝다는 점이다. 둘
째, 예측을 토대로 한 계획은 예측의 토대가 되었던 조건을 바꿔놓
는 동반 효과를 유발한다는 것이다. 월터 맥래(Walter Macrae)는 20
여 년 전 「이코노미스트 *The Economist*」에 투고한 글에서 이미 이

점에 대해 지적했다.

오늘날에는 생산품과 대체품 간의 탄력성이 크게 증가하였다. 이런 조건 하에서는 5년 내지 10년 전 의사 결정자들 대다수가 극심한 공급 부족 현상을 초래할 것이라 믿었던 제품이 앞으로는 일시적이지만 대량으로 남아도는 사건이 발생하게 될 것이다. 이런 일이 생기는 것은 이익을 추구하는 개인 사업자들과 만장일치에 급급한 정부기관이 영향력을 행사할 수 있는 의사 결정자들의 의견을 절대적으로 맹신했기 때문이다. 이렇게 해서 의사 결정자들이 가장 절실하게 부족하게 될 것이라고 주장했던 물건들이 가장 많이 남아돌게 되는 현상이 벌어지게 된 것이다.

그렇게 모든 사람들이 예측을 통해 이득을 보려 하는 마음에서 계획을 변경하게 되고(예측을 기반으로 세운 계획), 예측은 빗나간다.

변화를 준비하는 데 도움이 될 두 종류의 예측 방법이 있다. 두 가지 모두 정치나 경제 관련 수치를 예측하는 것만큼 흥미롭지는 않지만 신뢰도는 더 높다. 첫째는 현재 활용되고 있는 조직의 정책이나 구조의 라이프 사이클을 토대로 예측하는 방법이다. 이러한 예측 방법은 상품 계획에서 특히 많이 활용되는데, 기술적인 변화와 경쟁 압력이 가속화되는 오늘날의 비즈니스 환경에서는 오늘 잘나가던 제품도 내일 당장 쓰레기가 될 수 있기 때문이다. 그렇기 때문에 제품이 계속 상승곡선을 타고 있다 하더라도, 조직에서는 상품의 변형이나 대체를 고민해야 한다.

마찬가지로 고용, 전문지식 영역, 문화 개혁 등에도 라이프 사이클 방식을 활용할 수 있다. 상품의 기대수명에 한계가 있듯이, 이러한 영역에도 기대수명이란 것이 있다. 예를 들어, 지금 통용되고 있는 은퇴 패키지도 수명이 다한 것일 수 있다. 물론 교육 프로그램이나 승계 프로그램도 마찬가지이다. 이런 사안에 대한 유일한 해결 방법은 바로 라이프 사이클 예측 방식이다. 이 방식의 도움을 받을 때에만 아무도 예견할 수 없는 변화와 그것으로 인해 촉발되는 변환 관리의 위험을 피해갈 수 있다. 아직 완전히 망가지지도 않았는데, 손을 대야 한다고 사람들을 설득시키는 게 쉽지는 않을 것이다. 하지만 결함이 처음 발견되었을 때, 확실히 그것을 고칠 수 있는 대안을 마련해두어야 한다.

최악의 시나리오를 준비하라

미래를 대비하기 위한 두 번째 방법은 모든 계획에 '만약~?'이란 조항을 두는 것이다. 자동화 프로젝트가 예측했던 것보다 두 배나 더 많은 시간이 걸리면 어떻게 할 것인가? 당신이 생각했던 것보다 50%나 더 많은 사람들이 조기퇴직안을 수락하면 어떻게 할까

(더구나 남아 있기를 바랐던 사람들이 그런다면)? 지금 회사에서 사용하고 있는 화학 물질을 금하는 정부 규제나 법안이 통과되면 어떻게 할까? 강도 6.8의 지진이 공장이나 유통 센터를 덮치면 어떻게 할까? 다시 말해, 당신이 기대하고 계획했던 대로 일이 진행되지 않으면 어떻게 할까?

예상치 못했던 일을 준비할 수 있는 유일한 방법은 모든 계획에 그 일에 대한 대처 방법을 기록한 우발사태 조항을 만들어두는 것이다. 그렇게 하면 원래 계획에 차질이 생겼을 때 사용할 수 있는 대안을 마련할 수 있다. 나아가 예상치 못했던 일이 생겼을 때, 큰 혼란 없이 변화 계획을 수정할 수 있는 절차까지도 준비해둘 수 있다. 이 이외에도 한 가지 더 부수적인 이점이 있다. 맥래도 지적했듯이, 다른 사람들이 모두 당신의 계획대로 움직여준다면, 오히려 최악의 시나리오가 가장 정확한 미래 예측이 될 수도 있다는 것이다. 최악의 시나리오란 원래 가장 받아들여지기 어려운 가정을 기초로 만들어지는 것이기 때문이다. '역발상 투자' 전략도 이런 원리에 근거하고 있다.

변화를 일상화하라

지속적인 변화를 성공적으로 추진하기 위해서는 새로운 마인드의 개발이 필요하다. 대부분의 조직은 이런 상황에서 대개 중요한 변환을 경험한다. 기존의 가정과 기대를 철회하고, 중립지대를 통과하는 험난한 여정을 거치며, 새로운 시작을 가시화한다. '지속적인 개선'이나 '혼돈을 딛고 일어선 발전'의 장점에 대해 설명하고, 약속의 땅의 행복에 대해 설교하는 것만으로는 충분치 않다. 성공한 기업들의 일화를 통해 사람들을 고무시키는 방법도 어딘지 부족해 보인다. 서로 고립된 채 존재했던 작은 변화들의 근거가 되었던 기존의 가정이나 기대들을 지속적인 변화에 필요한 기대와 가정으로 바꾸는 거대한 변환이 단행되어야 한다.

_미쉘 몽테뉴, 프랑스 철학자

이 변환도 다른 여타 큰 규모의 변환 관리와 다르지 않기 때문에, 3장의 내용을 참고하면 도움이 될 것이다. 내 말의 요점은 지속적인 변화란 단순히 다양한 변화들의 중첩이 아니며(지금까지는 그랬겠지만), 중첩 속도의 증가도 아니라는 점이다. 변환을 힘들게 받아들이는 사람들에게 새로운 변화는 모두 지속적인 것이다.

하지만 이미 지나간 변화는 모두 '안정'이란 이름으로 불린다. 이런 견지에서 보면, 오늘날 사람들이 '지속적인 변화'라고 부르는 것은 모두 항상 있어왔던 것이다. 다시 말해, 그것은 순수한 의미에서의 '혼돈'이 아니라 새로운 경험일 뿐이다. 일단 그 새로움에 적응되면, 사람들은 그 과거를 '즐거웠던 옛날'로 회상할 것이다.

지금 여기서 내가 이런 말을 하는 것은 단순히 단어의 의미를 파악하기 위해서가 아니다. 성공적으로 '지속적인 개선'의 관행을 제도화해왔던 기업에서는 끊임없는 절차의 변경을 통해 생산성 증가, 효율성 극대화, 비용 절감 등의 성과를 이루어왔다. 항상 작은 변화들이 끊이질 않았다. 작은 변화들을 크게 아우를 수 있는 지속성이 없었다면, 사람들은 큰 혼란을 느꼈을 것이다. 하지만 끊임없이 변화하는 환경 속에서도 한 가지 변하지 않는 사실은, 현재가 보다 나은 미래를 위한 임시거처라는 점이다. '지속적인 개선'의 근거가 되는 불변의 가치와 절차들을 재차 긍정하도록 만드는 것은 아주 작은 개선들이다.

물론 모든 변화가 개선되는 것은 아니다. 어떤 것들은 현상 유지를 위한 보수일 수 있고, 어떤 경우는 시장 변화나 규제 정책의 변화로 발생한 손실을 없애거나 보상하기 위한 조치일 수 있다. 하지만 요점은 바뀌지 않는다. 지속적인 변화를 일상으로 받아들일 때에만 그것에 대한 동화가 가능하다. 사람들은 변화에서 중요한 것은 변하지 않는 것을 지키는 것이라는 사실을 이해해야 한다. 무엇이든 지속되려면 변화가 있어야 한다. 마치 자전거를 타고 똑바로 나가려면 계속해서 핸들을 조정해야 하는 것처럼 말이다. 작은 변화를 거부하면 안정이 생기는 것이 아니라 오히려 균형과 활동력의 손실을 가져올 뿐이다.

목적을 명확히 밝혀라

변화를 통해 안정을 얻기 위해서는 당신이 누구이며, 어떤 것을 원하는지 명확히 규명해야 한다. 기준에 맞추려면 뭔가 기점이 되는 것이 있어야 한다는 점에서 이런 절차는 출발점이 된다. 오늘날과 같이 지속적인 변화가 평범한 것이 된 시대에서 목적을 분명하게 알고 있다는 것은 상당한 플러스 요인이다. 시간제 직원 팀이든 다국적 기업이든, 당신이 관리하고 있는 그룹의 목적은 무엇인가?

이 질문에 대한 해답은 기업철학과 같은 거대한 말 속에 존재하지 않는다. 해답은 조직원들이 자신의 행동이 조직의 목적에 어떻게 기여하는지 정확히 알고 있느냐 그렇지 않느냐 여부에 달려 있다. 조직의 목적은 복잡하지 않다. 도요타의 목적은 자동차를 만드는 것이다. 하버드대학의 목적은 사람들을 교육하고 지식의 경계를 무너뜨리는 것이다. 공동체 병원의 목적은 집이나 개인 병원에서 해결할 수 없는 치료와 의료 서비스를 제공하는 것이다. 대규모 조직 안의 작은 단위들은 모두 전체의 목적에 기여하는 자기 나름의 목적을 가지고 있다(그렇지 않다면, 그 단위는 전체를 위해 제거되어야 하고, 그 존재는 정당화될 수 없을 것이다).

프리드리히 니체, 독일 철학자

그런데 너무나 많은 조직에서 목적이 아닌 목표를 기술하는 우를 범하고 있다. 주주가치의 증가, 고객이 지불한 돈만큼의 가치를 고객에게 돌려주는 것, 신바람 나는 직장을 만드는 것 등. 이런 것도 매우 중요하기는 하다. 하지만 모든 변화가 염두에 두어야 할 전략적 맥락은 아니다. 조직의 심장박동 소리가 되어야 하는 것은 목적이지 목표가 아니다.

목적과 목표의 혼동은 오늘날과 같이 변화가 일상이 된 시대에 적지 않은 반향을 불러일으킨다. 때로는 목적을 보전하기 위해 목표를 수정해야 한다.

- 우수한 용기를 생산하는 것이 목적인 기업이 유리병 생산을 그만두고 플라스틱 병을 생산하는 것으로 생산 방식을 전환한다.

- 고품질의 보존식품을 만드는 것이 목적인 기업이 통조림 방식을 냉동 방식으로 전환한다.

- 신속한 수화물 수송이 목적인 기업이 철도차량을 팔고 대신 비행기를 매입한다.

이런 변화가 있을 때는 언제나 변환이 동반된다. 하지만 목적의 지속성은 그대로 유지된다. 이런 원리는 조직의 모든 차원에 적용된다. 차원이 낮아질수록 보다 구체적인 목적을 공유할 뿐이다. 목적을 보다 효과적으로 수행하기 위해 새로운 기계를 도입할 수도 있다. 조직 구조나 정책을 새로 입안하는 것, 품질 서비스나 고객 서비스를 강화하는 것도 모두 같은 맥락에서 이해할 수 있다.

문제는 사람들이 목적보다는 목표에 동일시하기가 더 쉽다는 것이다. 목적보다는 목표가 더 구체적이고 빠른 시일 내에 가시화될 수 있는 것이기에 사람들은 자신의 이미지와 노력을 목표와 동일시하는 것을 더 좋아한다. 그렇기 때문에 구성원들이 지속적으로 스스로를 목적과 동일시할 수 있도록 관리해야 한다. 그러기 위해서는 설명, 모델링, 보상이 뒷받침되어야 한다.

목표 경영은 목표에 대한 인식이 있을 때에만 성공할 수 있다. 그런데 그렇지 않은 경우는 90%나 된다.

_피터 드러커, 미국 경영 전문가

신뢰를 쌓아라

사람들이 수영을 배우는 것을 보았다면, 혼자서 풀장의 한쪽 끄트머리를 박차고 나와 앞으로 헤엄쳐 나가는 그 순간을 잊지 못했을 것이다. 그날 수영 선생은 '물에 빠지게 하지는 않을 테니 걱정하지 마'라고 말했을지도 모른다. 선생에 대한 신뢰가 없었다면 그날과 같은 성취와 기술 습득이라는 쾌거는 이룰 수 없었을 것이다. 기대만큼이나 두려움이 팽팽했던 그날, 그런 차이를 만들어낸 것은 신뢰였다. 자신의 실력을 믿을 수 없는 사람들은 선생에게 의지한다.

변환 관리도 다르지 않다. 관리자를 신뢰할 수 있다면, 사람들은 아무리 무서워도 기꺼이 변화에 동참하려 할 것이다. 하지만 그런 신뢰를 느낄 수 없다면, 변화는 기대하기 어렵다. 다행인 점은 당신도 그런 신뢰를 쌓을 수 있다는 것이다. 하지만 신뢰를 쌓으려면 적지 않은 시간이 필요하다. 따라서 지금 당장 시작해야 한다.

신뢰에는 두 가지 측면이 있다. 첫째는 외부 지향적인 것으로서 특정인이나 특정 집단과의 경험에서 생겨난 신뢰이다. 둘째는 내부 지향적인 것으로서 개인의 역사, 특히 어린 시절부터 형성된 신뢰이다. 사람의 신뢰 수준은 이 두 가지를 기초로 해서 형성된다. 그렇다면 통제가 가능한 외부 지향적인 신뢰부터 시작해보자. 방법은 간단하다. 우선은 친절하게 설명하는 것부터 시작하라. 신뢰감을 먼저 심어준다.

신뢰를 줄 수 있는 행동은 여러 가지가 있는데, 그럴 수 있는 능력은 당신의 내부에 자리하고 있다.

- 말한 것을 지켜라. 지키지 못할 약속은 하지도 마라. 대부분의 경우, 불신은 과거 누군가에게 배신을 당했던 경험에서 시작된다.

- 약속을 끝까지 지키지 못할 이유가 있으면, 그렇게 되자마자 빨리 알려라. 그리고 약속을 지키지 못하게 된 상황을 설명하라.

- 상대의 이야기를 주의 깊게 듣고, 당신의 생각을 말해주어라. 당신의 생각이 틀렸다는 지적이 있으면 받아들이고 생각을 수정하라. 사람들은 자신을 이해해주는 사람을 가장 신뢰한다.

- 사람들에게 중요한 것이 무엇인지 알아보고, 그것과 관련된 것을 보호해주려고 노력하라. 사람들은 자신의 이익을 보호해주려는 사람을 신뢰한다.

- 스스로를 정직하게 내보여라. 상대가 당신의 심중을 읽을 수 없다고 생각될 때, 불신이 싹튼다. 그리고 기억하라. 단점을 숨기면 이미지 관리에는 도움이 될지 모르지만, 궁극적으로 신뢰를 훼손하게 될 것이다. 신뢰하기 힘든 행동을 했다는 사실을 인정하는 것 자체만으로 사람들에게 신뢰를 줄 수 있다.

- 피드백을 요청하고, 당신의 신뢰도와 관련하여 요구하지 않은 피드백이 들어오더라도 받아들여라. 귀중한 정보라고 생각하고 성찰하라. 피드백에 편견이 들어 있을 수도 있기에, 반드시 그대로 받아들일 필요는 없다. 하지만 반은 진실일 수도 있으니, 잘 알아보라.

- 당신이 상대를 신뢰하는 것보다 더 많이 당신을 신뢰해달라고 강요하지 마라. 미묘하게나마 당신의 불신이 상대에게 전달될 것이고, 당신도 그만큼 상대의 불신을 받게 될 것이다. 신뢰는 쌍방향적인 것이다. 그렇지 않은 신뢰는 깊이가 없다.

- 상대에 대한 신뢰를 조금만 더 갖도록 노력해보라. 신뢰를 받는 사람은 더욱 신뢰할 만한 사람이 되며, 신뢰받는 사람은 다른 사람도 쉽게 신뢰한다.

- 신뢰와 '친구가 되는 것'을 혼동하지 마라. 우정의 경우를 빼고, 친구가 된다는 것은 신뢰할 수 없는 행동이다. 더구나 신뢰는 우정과 양립하지 않는다.

- 당신의 신뢰 쌓기 프로젝트가 의심을 받더라도 당황하지 마라. 관리자에 대한 불신을 버리라고 요청하는 것(특히 당신에 대해) 자체가 사람들에게는 중요한(그리고 위험하기까지 한) 변환의 경험이 된다. 사람들의 불신(정당한가의 여부와는 관계없이)은 자기보호를 위한 것이다. 누구든 쉽게 자기보호를 포기하지 않는다.

- 이 모든 이야기가 너무 복잡하기 때문에 단 한 가지 중요한 요점만을 챙기고 싶거든 이것만은 꼭 기억해두어라. '언제나 진실만을 이야기하라.'

어린 시절로까지 거슬러 올라가는 불신의 내향적인 측면에 대한 충고도 외향적인 측면에 관한 충고와 동일하다. 차이가 있다면 개인사로 인해 불신의 벽이 더 높아졌고, 당신도 여기에 한몫했다면 더욱 조심스럽게 접근해야 한다는 점이다. 하지만 아무리 불신의 벽이 높은 사람이라도 차도는 있을 수 있다. 1분이라도 불신이 지속되는 한 변환은 그만큼 힘들어질 것이다.

과거의 짐은 내려놓아라

관리자들 중에는 변환이 시작되면, 과거에 끝났던 싸움을 다시 시작하는 경우가 종종 있다. 어떤 경우에는 전임자가 벌이던 싸움을 이어받기도 한다. 예를 들어, 고통스럽게 처리된 해고 조치, 재계약 시 선임자들의 권한을 보장해주기로 하고 지키지 않았던 사건, 3년 전 공장을 폐쇄하지 않겠다던 그 약속을 번복한 행위(결국 폐쇄됨).

이런 경우를 당하면 당신은 이렇게 소리치고 싶을지 모른다. '그래, 이제 그 문제를 다시 들고 나오지는 않겠지?' '그것 때문에 지금 나를 비난하겠다는 것은 아니지?' 물론 대답은 '비난하지 않는다'이다. 변환은 일기도로 따지자면, 저기압권에 드는 영역이다. 저기압은 현재는 물론 과거에 발생한 모든 폭풍우와 갈등을 끌어들인다. 이는 변환으로 인해 조직의 긴장이 풀리면서 나타나는 효과이다. 갈등을 묶어두었던 장벽들이 붕괴되고, 오랜 기간 묵혀두었던 불만이 다시 표면화된다. 오래된 상처가 다시 통증을 호소하고, 벽장 속에 처박아두었던 해골 잔해가 밖으로 쏟아져 나온다.

근시안적으로 보면, 이런 상황이 이미 복잡해져 있는 상황을 더욱 복잡하게 만드는 것 같다. 하지만 장기적으로 보면 긍정적인 효과가 있다. 모든 변환은 조직의 효율성과 생산성을 저해해온 해묵은 상처들을 치유할 수 있는 좋은 기회이다. 만일 리더들이 과거에서 완전히 헤어 나오지 못했다면, 이번에야말로 진실을 고백하고, 정직을 바탕으로 신뢰를 다시 구축할 때다. 과거의 해고 정책이 몰인정하고 비정한 것이었다면, 이번에는 존엄성과 공정성을 지킬 수 있는 해고 정책을 마련해야 한다. 직원들에 대한 관심과 존경의 가치를 다시 일으켜 세워야 한다. 지금까지는 직원들의 이야기를 무시하는 태도로 일관해왔지만, 이저부터 바뀌어야 한다. 이제부터라도 조직의 구성원을 배려하는 조직이 되어야 한다. 이런 이유 때문에 오래된 상흔과 해결되지 않은 문제는 오히려 좋은 선물이 된다. 이것은 조직 발전을 위한 절호의 기회이다.

해결 방안이 아닌 문제점을 알려라

3장에서도 언급된 이야기지만, 구성원들은 시급히 해결해야 할 문제가 있다는 사실을 스스로 납득했을 때 보다 쉽게 수명이 다한 가치관과 제도 등을 포기할 수 있다. 문제점을 인식시키는 것이 과거를 벗어나게 하는 실질적인 방법인 것은 사실이지만, 여기에는 그 이상의 의미가 있다. 변화가 일상이 된 조직에서 문제점을 각인시키는 것은 작은 변화가 생길 때마다 그것을 알려야 하는 번거로움을 덜 수 있는 유일한 방법인 것이다. 지속적인 변화 관리에 문제점을 각인시키는 것이 어떤 효과가 있는지 알아보자.

- 조직의 문제점을 잘 알고 있는 사람은 스스로 해결 방안을 찾아나서기 때문에 사후에 따로 정보를 제공하거나 교육을 시킬 필요가 없다. 요즘같이 빠르게 변화가 진행되는 시기에는 그럴 만

한 시간적 여유가 없다.

- 당신은 문제점을 잘 알고 조직원들은 전혀 모르고 있으면, 입장 차이가 너무 나서 안 된다. 반면에 모두가 문제점의 중요성을 인식하고 있으면, 관리자와 조직원이 한 편이 되어 힘을 모을 수 있다. 그런 협력이 이루어진 조직만이 도전에 신속하게 대처할 수 있다.

- 모든 사람이 문제점을 인식하고 있으면, 더 빨리 해결 방법을 찾을 수 있다. 문제 해결 단계에서 사람들의 요구가 분명히 표출되기 때문에, 어떤 방법이 선택되든 사람들의 요구를 충족시킬 가능성은 더 커진다. 사람들의 요구를 고려하지 않은 해결 방법은 호소력을 가질 수 없다.

- 마지막으로 문제점을 인식시킨다는 것은 해결 방안에 사람들을 연루시킨다는 것을 의미한다. 사실, 이런 말이나 다름없다. '목소리를 내고 싶으면 참여하고, 그렇지 않으려면 불평하지 마.'

이런 견지에서 본다면, 사람들의 참여를 유도하는 것 자체를 두고 시간 낭비라고 비난하는 것은 어불성설이다. 사실, 시간 허비론의 밑바닥에는 권위주의적인 스타일과 하향식 명령 전달 사고방식이 깔려 있다. 이런 주장을 하는 사람들은 자기 잇속만 챙기려고 하는 사람들의 이해관계를 조정하고, 변화를 강요라고 생각하는 사람에게 동기를 부여하며, 문제점이 있다는 것조차 모르는 사람들을 상대로 논쟁을 하려면 많은 시간이 허비된다고 말한다. 사실 문제점을 각인시키는 것은 조직 변환에 대한 적응력을 높인다는 점에서 (나아가서는 지속적인 변화 자체에 대해) 장기적으로 고수익을 가져다주는 좋은 투자이다.

지속적인 변화에 대한 또 다른 시각 : 도전과 응전

우리는 어느 하루도 쉬는 날 없이 경쟁력이니 게임이니 승리니 하는 말을 듣고 산다. 모든 것이 스포츠화되어 있는 오늘날의 사회에서는 이런 비유가 제법 큰 공감을 불러일으키는 것이 사실이다. 특히 한때 잘 나간다고 생각했던 시장에서 점차 뒤처지고 있는 자신을 발견했을 때, 이런 느낌은 더욱 강해진다. 하지만 스포츠의 메타포에는 위험 요소가 있다. 스포츠 메타포에는 일관성 있는 게임이 진행되고 있다는 것, 그리고 승자가 되기 위해서는 적과 싸워 이겨야 한다는 가정이 들어 있다. 또한 승자가 되고 싶은 팀은 재능이나 훈련, 전략 면에서 더 뛰어나야 한다는 가정도 내포되어 있다.

사실, 지속적인 변화의 세계에서는 최종 승자라는 개념이 없다. 우리가 '승리' 라고 부르는 것에는 단순히 초반전에서 잠시 앞서 있다는 것 이상의 의미 외에 아무것도 없다. 게다가 진정한 성공은 적과의 싸움에서 승리한 조직에 돌아가는 것이 아니라, 경쟁보다는 비즈니스의 환경 전체에 주의를 기울인 조직에게 돌아간다. 발전적인 변화 노정을 무시한 채, 눈앞의 경쟁에만 몰입하는 것은 매우 안일한 처사이다. 오늘날 성공한 조직이 되기 위해서는 경쟁이 아니라 급속한 변화를 활용할 줄 알아야 한다. 이것은 조직뿐만 아니라 작은 부서나 프로젝트 팀 단위에도 적용되는 진실이다.

변화를 유리하게 이용하는 방법에는 두 가지가 있다. 첫째는 '도전과 응전의 사이클'을 이해하고 활용하는 것이다. 역사가 아놀드 J. 토인비(Arnold J. Toynbee)가 저서 『역사의 연구 *A Study of History*』에서 설명한 것처럼, 위대한 문명이 힘을 얻게 된 것은 그럴 만한 장점이 있었기 때문이 아니라, 단점을 도전으로 파악하고 창의적으로 대응할 수 있는 방법을 찾았기 때문이었다.

토인비의 예를 하나 들어보자. 고대 아테네인들은 땅의 경작 능력이 소멸된 후 세계에 대한 지배권을 획득했다. 농경 사회의 입장에서 보자면 큰 시련이 되었을 일인데, 아테네인들은 문제를 도전으로 받아들이고 그 당시 경제 활동에 적극적으로 참여할 수 있는 방법을 찾아냈다. 그들의 창의적인 대응 방식은 올리브 재배로 방향을 전환하는 것이었다. 올리브 재배는 농작물 재배보다 지하수면에 대한 의존도가 더 높았다. 아테네인들은 올리브유 수출을 중심으로 경제를 재건했다. 그리고 이것이 이들에게 더 큰 도전을 불러일으켰다. 아테네인들은 올리브 수송을 위해 상선을 만들고, 운반

하는 동안 올리브유를 보관할 항아리를 만들기 위해 도기산업을 일으켜야 했다. 그리고 올리브 무역과 관계된 거래에 사용될 동전을 만들려면 광산업의 발전도 필수적이었다. 이런 식으로 도전에 대한 응전은 다시 다른 분야의 도전으로 이어지며 발전해갔다.

초기에는 진지한 드라마로 출발했다가 차츰 코믹한 드라마로 정착한 현대 텔레비전 시트콤은 원래 '아이 러브 루시(I Love Lucy)'라고 하는 쇼에서 발전해 나왔다. 이 쇼의 출현은 반응 없는 관중이라는 도전에 대한 응전이었다. 루실 볼(Lucille Ball)과 데시 아르네이즈(Desi Arnaz)는 뉴욕을 좋아하지 않았다. 하지만 당시의 코미디 프로는 모두 뉴욕에서 제작되고, 거기서 전국의 중계국을 거쳐 방송되었다. 그들은 차선으로 로스앤젤레스에서 35mm 필름으로 쇼를 제작하여 영화처럼 CBS 자회사를 통해 필름을 배급하기로 마음먹었다. 그들의 응전은 성공적이었다. 뿐만 아니라 그 일을 통해 네트워크 분배 방식이 바뀌었고(좋든 나쁘든), TV 프로그램의 재방영이 가능해졌다. 왜냐하면 영화 필름이 당시 TV 쇼 녹화에 사용되던 키네스코프보다 더 장기간 양질의 품질을 유지할 수 있었기 때문이었다.

이 예의 요점은 경쟁을 무시하라는 것이 아니다. 경쟁은 게임에 변화가 없다는 전제가 있을 때에만 의미가 있다(스포츠 메타포를 빌려 이야기하자면). 비즈니스나 업계가 심각한 변화를 겪고 있는데(내가 아는 한 그렇지 않은 것은 없다), 경쟁에만 몰두한다면 도전이 닥

처도 그것을 도전으로 인식할 수 없게 될지 모른다(변화를 최대한 이용해야 하는 현실). 시장 지분을 얻기 위한 경쟁은 타이타닉 호에서 갑판 의자를 차지하기 위해 싸우는 것과 조금도 다르지 않다.

도전과 응전을 통해 변화를 관리하는 방식이 관리자에게 유리한 이유가 한 가지 더 있다. 이 방식이 모든 계층에 사용될 수 있다는 점이다. 경영자층에서부터 시작해보자. 조직의 리더들이 도전에 직면하여 새로운 대응 방안을 내놓는다. 신상품을 출시하거나 새로운 고객을 물색한다. 이러한 대응은 다시,

상층 관리자들에게 도전이 된다. 조직이 나아갈 새로운 방향에서 어떻게 우리 부서의 목적과 정체성을 재정의해야 할 것인가? 이 그룹의 대응은 다시,

중간 관리자들에게 도전이 된다. 바뀐 목적을 실현하기 위해서는 어떻게 우리의 노력을 재조직화해야 할 것인가? 중간 관리자들의 창의적인 대응은 다시,

감독자들에게 도전이 되고, 그들은 팀 차원에서 새로운 대응 방안을 내놓는다. 그들의 대응은 다시,

개개의 조직원들에게 도전이 된다. 그들은 제품을 생산하고 서비스를 제공하는 일에 창의적으로 대응한다.

이런 계단식의 도전과 응전을 통해 조직의 구성원들(관리자, 감독자, 일선 직원 모두)은 위에서 전달된 명령을 수행하는 것을 자신들 직분의 전부로 판단하고 수동적으로 대처하던 습관에서 벗어나게 된다. 지속적인 변화의 세계를 살아가는 조직은 현 상황을 순응이 아닌 창의적인 대응을 요구하는 도전으로 해석해야 한다. 그렇게 했을 때에만 조직의 구성원들도 보다 능동적으로 행동할 수 있다. 도전과 응전은 직급에 관계없이 구성원들에게 빼앗겼던 목적의식과 자기 통제력을 되돌려준다.

그리고 우연의 일치일지는 모르겠지만, 2000년도 더 전에 아테네인들이 그랬던 것처럼 경쟁자들에게 큰 타격을 줄 것이다.

최종 팁 : 조직의 변환 적합성을 향상시켜라

조직을 대상으로 변환 관리 워크숍을 열 때, 참가자들에게 생일별로 원을 만든 다음 그 배치를 토대로 다시 소규모 작업 그룹을 만들어보라고 과제를 줄 때가 있다. 이런 경우 두 가지 두드러진 반응이 나타난다. 첫째, 참가자들은 개인적으로나 집단적으로 변환을 겪고 있다는 사실을 인지한다. 기존의 자리 배치를 기억에서 지우고 혼란스러운 중립지대에서 우왕좌왕하다가, 새로운 자리를 찾아가는 과정. 또한 이 경험을 통해 변환 프로세스의 각 단계가 어떤 것인지 직접 경험하게 된다.

둘째, 참가자들은 그룹의 인원수나 방의 구조에 따라 재배치가 어떻게 쉬워지는지 혹은 어려워지는지 파악한다. 방 안에 고정된 의자가 있으면(큰 강당처럼) 자리를 바꾸는 데 엄청난 시간이 소요된다. 앉을 곳과 가까운 곳에 벽이 있어도 시간이 많이 지연된다. 또한 규모가 큰 집단은 복잡한 내부 사정 때문에 작은 집단보다 자리를 정리하는 데 더 많은 시간이 소요될 것이다.

이 경험을 통해, 참가자들은 변환의 경험을 더 어렵게 만드는 조직 내부의 요인들을 보다 상세하게 설명할 수 있게 된다. 조직 내에서 한 가지 일만 해온 사람은 분명 그렇지 않은 사람보다 직무를 바꿔야 하는 구조조정을 보다 힘들게 받아들일 것이다. 사람들과 접촉이 없는 업무를 해왔던 사람도 업무가 바뀌면 힘든 시간을 보내야 할 것이다. 변환을 더욱 힘들게 만드는 정책이나 절차가 있는 반면에 반대로 어떤 정책이나 자원(재배치 프로그램, 업무 바꾸기 프로그램, 혹은 복합 업무 팀 운영)은 변환의 혼란이나 파괴력을 덜어주기도 한다.

설계가 잘되어 있어 어떤 악조건 속에서도 매끄럽게 운항할 수 있는 배를 우리는 '항해에 적합하다' 라고 하고, 그 반대인 경우는 '항해에 적합하지 않다' 라고 한다. 여기서 유추해보면, 조직에도 '변화에 적합한' 조직과 '변환에 적합하지 않은' 조직이 있다. 정책, 구조, 역할, 자원, 문화, 역사, 리더십이 변환을 도와주는지 방해하는지에 따라 그 구분이 가능하다.

　너무 일반적으로 얘기해서 잘 와 닿지 않는 부분이 있을지 모르겠다. 하지만 구성원들에게 물어보면, 조직의 상황이나 제도가 변환에 어떤 영향을 미치는지 분명하게 알려줄 것이다. 그들의 말에 귀를 기울여라. 그리고 변환에 적합한 조직이 될 수 있도록 최선을 다하라. 그러면 좋은 결과가 있을 것이다.

지속적인 변화 관리하기 : 체크리스트

예　아니오

＿＿　＿＿　오늘날에는 지속적인 변화가 피할 수 없는 현실이라는 사실을 받아들였는가? 아니면 아직도 갈등 중인가?

＿＿　＿＿　변환 관리 기술을 효과적으로 잘 사용하고 있는가? 즉 각기 다른 변화 상황에 맞게, 그리고 서로 다른 변환 단계에 맞게 적절한 기술을 사용하고 있는가?

＿＿　＿＿　현재의 변환을 정당화할 수 있는 밑그림을 가지고 있는가?

＿＿　＿＿　아직까지 그런 그림을 마련하지 못했다면, 나 자신과 직원들을 위해 그러한 노력을 포기하지 않고 있는가? 흩어져 있는 점들을 연결하거나 변환의 어느 프로세스가 끝을 향해 가고 있는지 등을 파악하고

있는가?

———— ———— 대규모 변환이 진행 중일 때는 그 외의 작고, 관련성
이 적은 변화들이 끼어들지 않도록 주의해야 한다.
그렇게 하고 있는가?

———— ———— 누군가의 예측에 기대어 너무 많은 모험을 하고 있
지는 않은가?

———— ———— 라이프 사이클을 활용하여 중년의 포인트를 지난 정
책, 시스템, 구조를 파악하고 그것을 대체할 대안을
만들기 위해 노력하고 있는가(혹은 그것의 사용을
지시하고 있는가)?

———— ———— 나 자신을 위해, 그리고 역발상 기획의 일환으로서,
변화 관리 계획에 최악의 시나리오를 포함시켰는
가?

———— ———— 변환을 가끔씩 일어나는 것에서 일상적인 것으로 바
꾸기 위한 노력(계획 수립 및 관리)을 기울이고 있는
가? 그리고 다른 사람에게도 그렇게 하도록 독려하
고 있는가?

———— ———— 솔직히 현재의 상태를 지속적인 변화의 관점에서 잠
시 쉬어 가는 시간으로 생각하고 있는가?

———— ———— 변화를 조직의 지속성을 유지하기 위한 가장 좋은
방법이라고 사람들에게 이야기하는가?

_____ _____ 조직의 목적을 명확하게 파악했는가? 그리고 직원들에게도 같은 것을 요구했는가?

_____ _____ 목적과 목표의 구분이 명확한가?

_____ _____ 이 목적에 대해 깊은 애정을 갖고 있는가? 아니면 단순한 사탕발림인가?

_____ _____ 과거의 짐을 내려놓고, 오래된 상처를 치유하고, 마무리되지 않은 일을 끝내기 위해 노력했는가?

_____ _____ 정기적으로 조직의 문제점을 알리기 위해 노력했는가?

_____ _____ 조직의 현 상황을 창의적인 응전이 요구되는 도전으로 파악하고 있는가? 다른 사람들에게도 똑같은 것을 요구하고 있는가?

_____ _____ 변환에(특히 큰 변화가 있은 다음에) 도움이 되는 것 혹은 방해가 되는 것이 어떤 것인지에 대해 충분한 정보를 수집했는가? 그 정보를 변환에 보다 적합한 정책, 구조, 역할, 자원, 문화를 만드는 데 사용하고 있는가?

신뢰를 쌓기 위해 다음과 같이 적극적으로 노력하고 있는가?

_____ _____ 말한 대로 실천하기 위해 노력하고 있는가?

_____ _____ 사람들의 말을 경청하며, 그 사실을 상대가 느낄 수 있도록 하고 있는가?

_____ _____ 사람들에게 중요한 것이 무엇인지 파악하고, 그것과 관련된 것들을 보호하기 위해 애쓰고 있는가?

_____ _____ 당신을 솔직하게 보여주려고 했는가(정직을 적대감을 감추기 위한 방패로 이용하고 있지는 않은가)?

_____ _____ 신뢰에 관한 피드백을 요청하고, 요청하지 않은 피드백이 들어올 때도 인정했는가?

_____ _____ 내가 상대를 신뢰하는 것보다 상대에게서 더 많은 신뢰를 강요하지 않아야 한다는 사실을 잊지 않고 있는가?

_____ _____ 타인에 대한 신뢰를 확대하기 위해 노력하고 있는가?

_____ _____ 신뢰와 '친구가 되는 것'을 혼동하고 있지는 않은가?

_____ _____ 신뢰 쌓기 프로젝트에 의심 어린 눈초리가 쏟아지는 것에 대해 당황하지는 않았는가?

_____ _____ 지속적으로 진실만을 이야기해야 한다는 사실을 스스로 상기하고 있는가?

현재 그리고 앞으로도 현실이 될 지속적인 변화를 성공적으로 관리하기 위해 어떤 행동을 취할 것인가? 오늘 당장 시작할 수 있는 일에는 어떤 것이 있는가? 아래 빈 공간에 간략하게 그 내용을 적어라.

4부

결론

Part FOUR

The Conclusion

8장

실행 사례

실수는 저지르라고 있는 것이다.
—S. A. 타타코버, 러시아 체스 대가, 경기를 앞두고 체스판 앞에서 한 이야기

3장에서 개인플레이에 익숙한 사람들을 팀 제도에 편입하고자 노력하는 소프트웨어회사의 사례를 살펴보았다. 8장에서는 다른 사례를 제시하여 당신이 지금까지 읽은 내용을 제대로 이해하고 있는지를 확인해보는 시간을 갖도록 한다.

당신은 에이펙스 매뉴팩처링(Apex Manufacturing)이라는 회사에 다니고 있다. 이 회사는 4,000명의 직원을 둔, 소형 가솔린 자동차 시장에서는 세계 최고라는 명성을 듣던 회사였다. 에이펙스의 직원이었다가 독립하여 회사를 창립한 국내의 경쟁 업체 두 곳과 함께, 에이펙스는 세계 오토바이 공급량의 대부분을 생산해냈다. 1980년대에는 에이펙스 혼자 세계 생산량의 52%를 생산하기도 했다.

하지만 1990년 이후부터 아시아 회사 두 곳과 독일 기업 한 곳이

새롭게 시장에 들어오고, 국내 경쟁 업체 중 한 곳에서 공장 및 장비 신설에 집중 투자를 하기 시작하면서 시장 판도에 변화가 오기 시작했다. 또 일이 꼬이려 하는지, 정부의 소음 경감 기준이 강화되면서 에이펙스는 배기 시스템의 설계도 다시 해야 하는 상황이 되었다. 다른 경쟁 업체들은 이미 이런 변화를 예측하고, 거기에 맞는 설계를 완성한 후였다. 하지만 당신의 회사는 그런 변화를 준비하지 못했고, 결국 큰 돈을 들여 설계 수정에 들어가야 했다. 2000년이 되자, 에이펙스의 세계 시장 점유율은 43%로 떨어졌다. 게다가 그 수치는 계속 떨어지고 있는 추세이다.

얼마 전 공장 통합과 스태프 해고가 임박했다는 소문이 있었지만, 불과 일주일 전에 「월스트리트 저널」과의 인터뷰에서 CEO는 자연 인원 감축 외에는 어떤 해고 조치도 없을 것이며, 연말에는 판매량이 다시 급증할 것이라고 말했다. 사장은 이어 자신감을 내비쳤다. "우린 잠시 안 좋은 시기에 있을 뿐입니다. 2년 안에 다시 전 세계 시장 지분의 50%를 찾아올 것입니다."

어제 아침 당신은 인적 자원부의 부사장에게서 이메일을 받았다. 그녀의 사무실에서 열리는 정오 회의에 참석하라는 것이었다. 참석해보니 이미 회사에서 가장 존경받는 관리자 10여 명이 자리를 잡고 있었다(감독자에서부터 이사에 이르기까지). 부사장은 경영진이 내린 몇 가지 결정에 대해 간략하게 설명했다.

첫째, 5개의 공장 중 2개를 폐쇄할 것이며, 이 조치로 900명의 생산직 근로자와 100명의 행정직 근로자, 즉 생산직 인원의 3분의 1이 영향을 받게 될 것이다. 이 조치를 시행하는 데 몇 가지 복잡한 요소들이 개입될지도 모른다. 이 두 공장은 에에펙스에서 생산하는 오토바이 중 가장 현대적이고 성공한 라인이라고 생각되는 2개의 제품 중 하나를 생산해왔다. 하지만 높은 부지 임대료 때문에 결국 폐쇄 결정이 내려졌다. 하지만 다른 공장에서 그 공장의 생산분을 소화할 수 있는 능력을 갖추기 전 8개월 정도는 계속해서 생산을 해야 한다.

둘째, 일자리 800개, 즉 전체 고용 인원의 20%에 달하는 사람들에 대한 해고 조치가 감행될 것이다. 모든 부서에 다 적용되겠지만, 아직 구체적으로 어느 정도 선이 될지는 정해진 바가 없다. 조기퇴직 플랜에 대해서도 아직 정해진 바가 없다. 1,000명의 잉여 생산 인력 중 고용 계약이 끝나는 인원이 얼마나 되는지도 아직 확인이 안 됐다. 이들 대다수가 장기 근속자이기 때문에 부사장은 이들을 다른 공장이나 다른 부서에 재배치하기를 원하고 있다.

부사장이 어렵게 입을 열었다. "아직 의문점이 많을 줄 압니다. 하지만 여러분들은 변환 관리 자문으로 소집되신 분들입니다. 경영진에서 필요한 조치에 대해 결정을 내렸고, 아시다시피 그것은 다운사이징과 통합입니다. 저희는 여러분들에게 결정을 이행하는 방법에 대해 알려달라고 요청하고 있습니다. 공장 폐쇄 계획을 발표하고 시행하는 것, 그리고 인원 감축 실시와 관련하여 구체적인 시나리오를 제시해주셨으면 좋겠습니다."

그녀는 계속 말을 이어갔다. "회의는 내일 다시 열립니다. 당분간 날짜는 비워두십시오. 이번 주 말까지는 임원진에게 임시 계획안을 제출해야 합니다. 자세히 할 필요는 없고 대충 중요 사안에 대한 스케치 정도면 됩니다. 그리고 좋은 아이디어 몇 개하고요. 정보 전달, 교육 등에 관한 충고 혹은 변환 관리에 필요한 새로운 정책이나 준비 계획 같은 것에 대해서도 말씀해주시면 고맙겠습니다."

그 후 그녀는 자신이 변환 관리어서 중요하게 생각하는 사안들을 적은 종이를 한 장씩 나누어주었다.

- 에이펙스는 과거 20년간 단 한 번도 해고를 해본 적이 없다. 성장일로에 있었기 때문이었다.

- 폐쇄하기로 한 공장의 잉여 직원 1,000명은 매우 뛰어나기 때문에, 조직에서도 이들을 잃고 싶지 않다.

- 리더들은 부서에 관계없이 골고루 인원을 감축하기를 강력하게 원하고 있지만(그게 더 공평할 것이다) 그녀 외 몇몇 사람들은 이미 어떤 부서는 위험수위에 이를 정도로 인원이 적고, 반대로 어떤 부서는 너무 비대해 있다는 점을 우려하고 있다.

- 시간제 직원들 간에는 항상 많은 연봉을 받아왔던 고위 관리자들이 회사의 사정이 어려워졌음에도 불구하고 자신들의 안전과

이익만 챙기려고 한다는 불만이 팽배해 있다.

- 공장 폐쇄와 다운사이징 결정에 대한 기본적인 발표는 내일 전 직원에게 메모 형식으로 나갈 예정이다. 사본을 아래에 첨부한다.

　수신 : 에이펙스 전 직원
　발신 : R. E. 오웬스, 사장 겸 CEO
　제목 : 수익성 회복을 위한 조치

　아시다시피 해외 경쟁 업체들이 정부 보조금을 지원받아 만든 제품을 덤핑으로 넘겨왔기 때문에, 우리 시장은 많은 타격을 입었습니다. 그래서 빼앗긴 입지를 되찾기 위해서 경영진은 생산 인력을 워싱턴, 산호세, 리틀 록에 있는 공장에 통합하기로 결정하였습니다. 스티븐스 밀스와 그랜드 뷰에 있는 공장들은 앞으로 8~9개월의 시간을 두고 폐쇄할 생각입니다.

　동 기간에 현재 4,000명 선에 이르고 있는 회사의 인원도 3,200명 정도로 재조정할 계획입니다. 이 수준에서 다른 비용 지출만 억제한다면 수익성을 유지할 수 있으리라 봅니다. 다른 비용에 대해서도 앞으로는 고위 경영진의 개인적인 승낙이 없는 한 필요 물자나 장비를 주문하는 일은 삼가주기를 바랍니다.

　에이펙스는 훌륭한 전통을 가진 회사입니다. 하지만 최근에

너무나 많은 직원들이 회사는 주주의 이익을 위해 일해야 한다는 사실을 망각하고 있었던 것 같습니다. 그러나 우리가 허리띠를 졸라매고 업무의 효율성을 높일 수만 있다면, 다시 흑자로 돌아서는 것은 물론, 안일한 태도 때문에 손가락 사이로 술술 빠져나갔던 시장 지분을 다시 회복할 수 있으리라 봅니다.

공장 폐쇄와 해고에 관한 세부사항이 결정되는 대로 다시 통보하기로 하겠습니다. 그동안 여러분들이 지속적인 협조를 보여주실 것을 저는 확신합니다.

R. E. 오웬스
사장 겸 CEO

부사장이 다음과 같은 말로 마무리를 지었다. "지금 우리의 사정은 매우 안 좋습니다. 솔직히 고위직 관리자들이 지금의 실상을 제대로 인식하고 있는지 의문스럽습니다. 저는 여러분들이 이 상황의 인간적인 측면을 바라봐주시기를 바랍니다. 폭탄을 떨어뜨리고 상처는 알아서들 치료하라는 식의 방법 말고 다른 좋은 방법을 제시해주기를 고대하고 있습니다.

다시 부서로 돌아가셔서 며칠간의 일정을 비우도록 조치해주십시오. 그런 다음 경영 팀에서 만든 아래의 제언서를 읽어보시고, 1에서부터 5까지 등급을 매겨주시기 바랍니다.

내일 아침에 내용을 비교해보고, 우선순위를 결정할 생각입니다."

당신은 사무실로 돌아가 비서에게 부서 회의를 연기하거나 취소해달라고 요청한다. 그리고 목록 작성을 시작한다(지금 당장 시작하라. 각 항목의 왼쪽에 번호를 기입하라. 한 항목씩 순서대로 하라).

1 = 매우 중요함. 즉시 행동에 들어간다.

2 = 해볼 만한 가치는 있으나 시간이 소요됨. 계획 수립 시작.

3 = 효과가 있을 수도 있고 없을 수도 있음. 상황에 따라 다름.

4 = 별로 중요하지 않음. 헛수고일 수 있음.

5 = 절대로 안 됨!

_____ 메모를 취소하고 해고와 공장 폐쇄에 관한 계획안이 구체적으로 만들어질 때까지 아무런 정보도 주지 않는다.

_____ 직원들이 받을 정신적·정서적 충격을 위로할 수 있는 메모를 다시 작성한다.

_____ '구조조정 태스크포스 팀'을 만들어 최선의 공장 운영 통합 방안을 건의하고, 스티븐스 밀스와 그랜드 뷰에 근무하는 1,000명의 잉여 직원들의 처리 문제를 결정하도록 지시한다.

_____ '다운사이징 제안 계획'을 만들어서 조직원 모두가 다운사이징 실행 방법에 대한 인풋을 제시할 수 있도록 한다.

_____ 변화를 야기한 문제점을 인식시킨다.

_____ CEO를 해고한다. 그는 이미 신용을 잃었다.

_____ 공장 현장의 관리자들과 이사들을 소집하여 브리핑을 다시 연다. 성역 없이 묻고 대답하는 시간을 갖는다. 이 난국을 헤쳐 나가는 데 있어 이보다 더 좋은 해결 방법을 얻을 수 없다는 공감대가 형성될 때까지 자리를 뜨지 못하게 한다.

_____ 문제점과 그 대응 방법을 설명한 비디오를 제작한다. 각각의 공장에서 전 직원을 대상으로 회의를 열어, 공장 책임자가 질문을 받고 대답하는 시간을 갖는다.

_____ 직원들에게 신뢰할 수 있고 따끈따끈한 정보를 제공할 수 있는 핫라인을 구축한다.

_____ 고위직 관리자들에게 연봉 20% 삭감안에 동의하도록 한다.

_____ 전 부서에 20% 예산 삭감을 지시한다.

_____ 직원들이 비용 절감 아이디어를 냈을 경우 보상하는 프로그램을 제도화한다.

_____ 폐쇄될 공장을 위한 기념행사를 준비한다.

_____ 중립지대에서의 시간을 활용하여 비즈니스 전체를 재설계한다. 전략, 인사 관리, 정책, 구조 등.

_____ CEO에게 시장의 현실에 민감하게 반응하지 못했음을 인정하는 공식 성명을 발표하도록 한다.

_____ 변화의 연장이 불가피함을 미리 분명히 밝힌다.

______ 발표된 변화의 목적을 설명하고, 그림과 계획을 제시한다. 그리고 각자의 역할을 설명한다.

______ 낙관적인 소식을 유포시킨다. 예를 들어, 이 계획은 이미 2년 전부터 준비 중이었다, 이 변화는 조직 약화의 증거가 아니다, 보상은 1년 안에 돌아올 것이다 등. 소식을 전달할 때, 꼭 긍정적인 측면을 강조한다.

______ 두 곳의 공장 폐쇄가 변화의 전부가 될 것이라는 말로 직원들을 안심시킨다.

______ 경력 관리 계획 세미나를 만들거나 좋은 프로그램을 찾아서, 변화 때문에 일자리를 위협받고 있거나 잃어버린 사람들에게 필요한 도움을 제공한다.

______ 당장 다음 분기를 위한 생산 목표를 높게 잡아 사람들이 매진할 수 있는 목표를 제시한다. 목표 달성에 실패하는 한이 있더라도 목표는 높게 설정한다.

______ '구조조정을 단행하지 않으면 안 된다'는 CEO의 강렬한 의지를 담은 비디오를 제작한다.

______ 이 변화에서 누가 무엇을 잃을 것인지 분석한다.

______ 보상 시스템을 수정하여, 새로운 시스템에 순응한 구성원에게 보상한다.

______ CEO에게 조직 변화와 그것이 조직에 미치는 영향에 관한 성명을 발표하도록 한다. 조직원들의 감정을 배려하고 그

들을 걱정하는 마음이 담겨 있어야 한다.

_____ 스티븐스 밀스와 그랜드 뷰, 그리고 그 외 변화의 영향권 안에 드는 단위에 변환 모니터링 팀을 만든다.

_____ '변환 관리자'를 지명하여 변화가 순조롭게 진행되는지 점검하도록 한다.

_____ 에이펙스 직원 전원에게 '우리는 넘버원이다'라고 새겨진 배지를 지급한다.

_____ 모든 관리자들을 품질 개선 세미나에 참석하도록 한다.

_____ 임원 팀을 재구성하고, CEO에게는 '팀 코디네이터'의 역할을 준다.

_____ 모든 관리자에게 변화가 사람의 감정에 미치는 영향에 관한 두 시간짜리 세미나를 수강하도록 한다.

_____ 각 공장마다 전 직원이 회합할 수 있는 이벤트를 계획한다 (소풍, 유람여행, 저녁식사 등).

_____ 에이펙스 국내 경쟁자 중 규모가 작은 기업을 매입하여 시장 지분을 회복하는 계획을 수립하고, 연구 개발을 강화한다.

_____ 중립지대를 일상화할 수 있는 방법을 찾아보고, 조직과 직원 모두에게 도움이 될 수 있는 방향으로 그 개념을 재정립한다.

2장에서도 그랬지만, 다음의 설명은 정답을 알려주기 위한 것이 아니라 문제를 제기하여 변화에 내재되어 있는 변환을 간과하는 실수를 미연에 방지하기 위한 것이다.

범주 1 | 매우 중요함. 즉시 행동에 들어간다.

직원들이 받을 정신적·정서적 충격을 위로할 수 있는 메모를 다시 작성한다. 지금 작성된 메모는 크게 잘못되어 있다(전 직원 미팅이 가능한 회사에서 이런 식으로 정보를 전달한다는 것 자체가 최선의 방법이 아니다). 이 메모의 어조는 리더들은 이 상황에 대한 책임이 없으며 직원들이 열심히 일하지 않은 것이 문제라는 인상을 준다. 아래 항목들을 읽어보고 공개 성명의 내용을 개선할 수 있는 방법이 있는지 찾아보라. 제일 중요한 것은 직원들이 받았을 정서적 충격을 보다 민감하게 다루어주는 것이다.

CEO에게 시장의 현실에 민감하게 반응하지 못했음을 인정하는 공식 성명을 발표하도록 한다. CEO가 어떤 말을 하든, 그의 신용은 이미 훼손되었다. 불과 일주일 전에 그는 「월스트리트 저널」과의 인터뷰에서 모든 것이 잘되어가고 있다고 말했다. 그의 신용 문제를 가능한 빨리 직접적으로 언급하는 것이 중요하다. 그리고 과거의 실수에 대해서는 책임을 지도록 해야 한다.

변화의 연장이 불가피함을 미리 분명히 밝힌다. 신용 회복 프로그램의 2단계 조치에 해당한다. 사람들을 안심시키고, 그러면서 안이한 방법으로 대처하는 방법이 매력적으로 보일 수 있다. 하지만 이렇게 얻어낸 효과는 오래가지 못한다. 반면, 한번 굳어진 불신은 상당히 오랫동안 지속된다.

변화를 야기한 문제점을 인식시킨다. 그러기 위해서는 먼저 CEO에게 변환과 관련된 사항의 문제점을 인식시켜야 한다. 문제점을 인정하지 않는 이상, 그는 해결 방안, 즉 공개적으로 조직의 문제점을 시인하는 것마저 받아들이려 하지 않을 것이다. 계획해놓은 변화를 현실의 어려움을 극복할 수 있는 최고의 해결책으로 제시하기 위해서는 이러한 마음의 준비가 필요하다.

CEO에게 조직 변환과 그것이 조직에 미치는 영향에 관한 성명을 발표하도록 한다. 조직원들의 감정을 배려하고 그들을 걱정하는 마음이 담겨 있어야 한다. 물론 그러려면 CEO의 조직 변환에 대한 이해가 선행되어야 한다. 이 메시지를 전달하기 위해서는 약간의 충격요법이 필요할지도 모른다. 어쩌면 외부인에게 이 역할을 위임해야 할 수도 있다. 계속해서 현실을 회피해온 조직이라면, 내부에서 자각의 목소리를 찾기는 힘들 것이다. CEO가 변환 관련 문제들을 이해한다는 전제 하에 공개적으로 그 문제점들을 논의하게 되면, 변환 관리 노력을 지원할 수 있는 분위기를 조성

할 수 있을 것이다. 변환 관리는 변화의 부작용을 막기 위해 꼭
필요한 선택이다.

공장 현장의 관리자들과 이사들을 소집하여 브리핑을 다시 연다.
성역 없이 묻고 대답하는 시간을 갖는다. 이 난국을 헤쳐 나가는
데 있어 이보다 더 좋은 해결 방법을 얻을 수 없다는 공감대가 형
성될 때까지 자리를 뜨지 못하게 한다. 관리자와 임원들은 직원
들이 물어오는 수없이 많은 질문에 답을 해주어야 할 사람들이
다. 그러려면 자신의 행동의 정당성을 뼛속까지 확신하고 있어야
한다. 그런 믿음이 있어야 조직원들을 앞에서 이끌 수 있다. 그러
지 않으면 모두가 힘들어진다. 빨리 이런 모임을 조직하고, 진실
을 말해주어라(당분간은 숨겨야 할 것이 있겠지만). 그리고 어떤
질문이든 물어볼 수 있는 기회를 주어라. 사정을 봐주거나 하지
마라. 그리고 토론을 뒤로 미루지도 마라.

문제점과 그 대응 방법을 설명한 비디오를 제작한다. 각 공장에
서 전 직원을 대상으로 회의를 열어, 공장 책임자가 질문을 받고
대답하는 시간을 갖는다. 시간이 좀 걸릴 수도 있는 일이기 때문
에 범주 2에 속한다고 보는 게 더 맞다(CEO가 임원 몇 명과 함께
문제점과 해결 방안에 대해 이야기하는 비디오는 빨리 끝날 수도 있
다). 비디오는 메모의 단점을 극복할 수 있는 의사소통의 한 방법

으로, 리더의 목소리를 개인적으로 전달하는 효과를 내기도 한다
(리더가 여러 지역을 비행기로 옮겨 다니면서 문제점과 해결 방안을
알리는 것이 더 효과적일 수 있다).

'변화 관리자'를 지명하여 변화가 순조롭게 진행되는지 점검하
도록 한다. 변화의 세부 내용이 결정되기 전이라고 하더라도, 여
러 직급 사람들의 이해가 엮여들 것이다. 변화 전체를 감독할 사
람이 필요하기는 한데, 정규 라인은 적당하지 않다. 불가피하게
다른 업무를 맡고 있는 사람을 지명했을 경우에는 서로 이해관계
가 상충되는 업무는 하지 않도록 적절한 조치를 취해주어야 한
다. 그리고 변화가 지속되는 기간에는 변화 관리자 일만 맡도록
하는 것도 좋은 방법이다. 하지만 변화 관리자가 감독이나 코디
네이터의 일을 하는 것이지 상사는 아니라는 점을 기억하라.

스티븐스 밀스와 그랜드 뷰, 그리고 그 외 변화의 영향권 안에 드
는 단위에 변환 모니터링 팀을 만든다. 리더들에게는 상향식 의사
소통 채널이 필요하다. 그것도 아주 시급하다. 이 목적을 달성하는
데에는 변환 모니터링 팀이 가장 손쉬운 방법이다. 수동적으로 앉
아서 듣고만 잊지 마라. 변환 모니터링 팀을 대화에 적극적으로 끌
어들이고, 이야기를 들어보고, 자문을 구하고, 호전적이지 않게 문
제를 논의하라. 그리고 그들의 의견을 실행에 옮겨라. 행동이 없으

면, 변환 모니터링 팀은 또 다른 경영진의 사기로 치부될 것이다.

범주 2 | 해볼 만한 가치는 있으나 시간이 소요됨. 계획 수립 착수.
발표된 변화의 목적을 설명하고, 그림과 계획을 제시한다. 그리고 각자의 역할을 설명한다. 변환 관리의 핵심이기는 하지만 지금 당장 실천하기는 어렵다. 목적(변화의 이유)에 대해 이야기할 수는 있겠지만, 그림은 아주 단순한 스케치 수준의 그림이 될 것이다. 계획도 두 단계 정도밖에 밝힐 수 없을 것이다. 네 개의 P는 기획 팀의 핵심 사항이기는 하지만 성공할 수 있을 만큼 상세하게 그 내용이 정해지려면 수개월이 걸린다. 게다가 경영진은 우선 끝냄과 중립지대에 관심을 가져야 한다.

이 변화에서 누가 무엇을 잃을 것인지 분석한다. 중요한 일이기는 하지만 시간이 걸리기는 마찬가지이다. 커다란 계획안에 들어있는 수많은 변화들을 계획하고 실행할 때마다 생각해야 하는 것이기에, 일회성으로 끝날 수 없는 지속적인 프로세스이다(CEO가 시장 변화에 빠르게 대처하지 못한 점을 인정하면서 그가 잃게 될 것이 무엇인지 파악하는 것부터 시작할 수 있다. 당신이 과거에서 벗어날 수 있는 방법을 제시해주지 않는다면, CEO는 효율적인 리더십을 행사하지 못하게 될 것이다).

모든 관리자에게 변화가 사람의 감정에 미치는 영향에 관한 두 시간짜리 세미나를 수강하도록 한다. 누가 무엇을 잃게 될 것인지를 결정하는 기술은 관리자들이 알아두어야 할 변환 관리 기술 중 제일 중요한 항목이다. 가능한 빨리 세미나 기회를 주는 것이 좋다. 짧은 세미나지만 변화를 통해서 소중한 것을 잃었으며, 슬픔이 정상적이라는 것, 그리고 분노나 우울도 변환의 과정에서 생기는 자연스러운 감정이라는 사실을('사기 저하'라는 오해를 사거나 자칫 처벌로 이어지기도 하지만) 인지시키는 데 큰 도움이 될 것이다.

직원들에게 신뢰할 수 있고 따끈따끈한 정보를 제공할 수 있는 핫라인을 구축한다. 신속하고 정확하며 신뢰할 수 있는 정보 제공이 중요하기 때문에 이 항목을 범주 2에 넣었을지도 모르겠다. 하지만 질문을 받고 그것에 맞는 답변을 제공할 수 있는 믿을 만한 프로세스를 마련하기 전까지는 핫라인을 구축하지 마라. 시원한 답변보다 궁금증을 더 많이 불러일으키는 커뮤니케이션은 위험하다.

'구조조정 태스크포스 팀'을 만들어 최선의 공장 운영 통합 방안을 건의하고, 스티븐스 밀스와 그랜드 뷰에 근무하는 1,000명의 잉여 직원들의 처리 문제를 결정하도록 지시한다. 지금 에이펙스가 직면한 문제는 단순히 공장 두 곳을 폐쇄하거나 800명의 잉여 인력을 해고하는 것이 아니다. 그 자체로 가공할 만한 위력을 가진 변화임에도 불구하고, 그동안 아무런 자구책도 구하지 않고 현 상태를 유지해왔기 때문에 조직원들이 현 상태의 심각성을 제대로 인식하지 못하고 있다는 것이 더 큰 문제라고 할 수 있다. 에이펙스가 다시 소생하려면 반드시 구조조정이 따라야 한다. 이것은 거대한 변화이며, 반드시 그것을 성공시킬 수 있는 사람들에 의해 시행되어야 한다. 그래서 공장에서 제일 똑똑한 사람들과 현재 권력을 잡고 있는 그룹의 대표들을 구성원으로 한 태스크포스 팀이 탄생한 것이다. 외부 전문가가 필요할 수도 있다. 하지만 그 누구도 태스크포스 팀을 대신할 수는 없다.

경력 관리 계획 세미나를 만들거나 좋은 프로그램을 찾아서, 변화 때문에 일자리를 위협받고 있거나 잃어버린 사람들에게 필요한 도움을 제공한다. 공장 폐쇄로 해고 위기에 직면한 1,000명의 근로자들은 경력에 치명타를 입게 되었다. 그들에게는 스스로의 경력을 재고해볼 수 있는 기회가 필요하다. 이보다 더 큰 규모의 조직의 구조조정에서도 마찬가지이다. 당신이 적절한 도움을 준다면, 회사를 떠나는 사람들은 다른 곳에서 일자리를 찾도록 도와준 회사에 대해 좋은 감정을 가지게 될 것이다. 반면 회사에 남는 사람들도 에이펙스 내부에서 자신의 노력을 다른 곳에 쏟을 수 있게 해준 것에 대해 고마워할 것이다. 이런 도움이 부족하다면, '떠나는 사람들'은 화가 나서 기회가 있을 때마다 회사를 비방할 것이고, '남아 있는 사람들'도 쓸쓸하고 실망스러운 마음을 감추지 못한 채 회사 운영의 효율성을 떨어뜨리는 데 한몫하려 들 것이다.

폐쇄될 공장을 위한 기념행사를 준비한다. 공장은 많은 사람들에게 가정이자 세계의 전부였다. 그들에게는 스스로를 그 세계로부터 분리시켜줄 무언가가 필요하다. 방법에는 여러 가지가 있을 수 있다. 장례식, 철야제, 독특한 기념의식 등. 행사의 세부 사항은 그다지 중요하지 않다. 보다 중요한 것은 변화의 영향권 안에 드는 사람들이 직접 행사를 기획하고 실행한다는 것이다. 이것은 그들의 행사가 되어야 한다. 기획에 많은 시간이 소요될 수 있지만, 그것 자체가 하나의 치료 과정이다. 지금 당장 시작하라.

직원들이 비용 절감 아이디어를 냈을 경우 보상하는 프로그램을 제도화한다. 에이펙스의 현실이 단순히 비용 절감으로 해결될 것은 아니지만, 문제 해결의 중요한 부분이라는 것만은 확실하다. 직원들에게 좋은 아이디어를 구하는 것은 중요한 제스처이다. 사장되었던 전문지식을 활용할 수 있는 기회가 되는 것은 물론이고, 기업 활동에 얼마만큼의 비용이 드는지를 인식하도록 하는 이점이 있다. 단순히 해결 방안을 받아들이도록 강요하는 것보다는 해결 방안을 찾도록 유도하라(절약한 돈의 일부를 떼어주는 방법을 고려해보라. 고통을 나눴으면, 이익도 나눠 가져야 한다).

 물론 처음에는 끝냄의 관리가 중요하다. 하지만 곧 사막에서 긴 시간을 보내는 문제를 생각해보아야 한다. 과거를 탈피하여 미래로 가기 위해서는 수년의 시간이 걸릴 것이다. 혼란스럽고 불분명한 시기가 대부분 그런데, 사람들은 자신의 두려움을 그것에 투사한다. 왜 그들이 그런 심적 불안감을 가져야 하는지 이해시키도록 한다. 그리고 이 시기를 보다 의미 있게 설명해줄 수 있는 메타포를 찾아야 한다. '침몰하는 배'와 '마지막 항해' 두 개의 메타포를 상기하라. 후자의 메타포가 조직이나 개인에게 훨씬 더 큰 도움이 되었다. 반면에 사람들의 두려움을 표현한 전자의 메타포는 그렇지 못했다.

 에이펙스의 상황이 위험한 것은 사실이지만, 그 안에는 기회도 숨겨져 있다. 업계의 리더였다가 지금은 위기에 직면한 에이펙스지만, 미래에는 다시 챔피언으로 컴백할 수 있는 절호의 기회이다(오늘날의 상황에 비추어 보아서는 거의 마지막 기회라고 할 수 있다). 모든 이들의 관심이 집중되어 있다. 변화의 필요성에 대한 논쟁은 이미 결정이 났다. 이제는 주도권을 쥐고 구조조정을 성공시켜 조직을 부활시키는 일만 남아 있다. 이런 일은 시간이 많이 걸리기에 지금 당장 시작해야 한다. 비즈니스 재설계에 대한 노력이 뒷받침되어야 확실한 그림이 나올 수 있다. 이런 그림이 없다면, 당신은 아무런 계획이나 전략도 없이 선수들을 경기장으로 내모는 무능한 코치와 다르지 않다는 사실을 기억하라.

범주 3 | 효과가 있을 수도 있고 없을 수도 있음. 상황에 따라 다름.

전 부서에 20% 예산 삭감을 지시한다. 10%면 큰 폭이다. 지시만 내려놓고 두 손 놓고 있다가는 큰 낭패를 볼 수 있다. 구조조정이 완벽하게 이루어진 조직이라면 20%의 비용을 줄이고서도 지금의 아웃풋, 아니 그 이상의 성과를 올릴 수 있다. 하지만 아무것도 바뀌지 않은 상태에서 20%의 예산을 삭감하고, 그전의 제품 생산율을 그대로 유지하라고 하는 것은 어불성설이다. 하지만 목표 수치로 20%는 중요하다. 말인즉, 10%를 삭감하는데 20%를 가이드라인으로 활용할 수 있다는 것이다. 나머지 10%는 비생산적인 운영 방식이나 외부 벤더가 제공하는 값비싼 지원 서비스를 중단하는 것에서 충당할 수 있다.

고위직 관리자들에게 연봉 20% 삭감안에 동의하도록 한다. 단점

보다 장점이 많은 방법이다. 리더십이 지금 꽤나 진지하다는 메시지를 확실하게 전달할 수 있는 방법이기 때문이다. 문제라면 강압적으로 처리했을 경우, 이를 반대하는 주도 세력에게 적대감을 불러일으킬 수도 있다는 점이다. 따라서 임원의 임금 삭감이 강압적으로 이루어져서는 안 된다. 임원들은 먼저 문제점과 사람들의 관심을 끄는 상징적인 행동의 필요성을 이해해야 한다. 높은 임금 때문에 자신들의 신용이 훼손되었다는 것을 보여주는 새로운 증거를 제시해야 할지도 모른다. 문제는 임원 그룹 내에서 임금 삭감안을 지지하는 사람이 하나도 없을 때이다. 사람은 때로 목전의 사리사욕에 눈이 어두워 장기적인 이익을 놓치곤 한다. 외부 컨설턴트의 도움을 받으면 좋은 일이 몇 가지 있는데, 이 문제도 그럴 수 있다.

 중립지대에서는 이러한 이벤트가 상실이나 혼란으로 인해 훼손된 연대감을 보호하거나 재건하는 데 큰 도움이 된다. 하지만 시기를 잘못 택하면, '빵과 서커스'를 제공하는 격이 될 수 있다. 이 말은 로마의 황제들이 국민의 입을 막고 다른 곳에 정신을 팔게 하기 위한 방편으로 공짜 빵과 스펙터클한 유흥거리를 제공한 데서 유래했다. 그러므로 먼저 끝냄을 잘 해결한 후에 이런 이벤트를 고려하라.

'구조조정을 단행하지 않으면 안 된다'는 CEO의 강렬한 의지를 담은 비디오를 제작한다. 몇 가지 점에서 이 아이디어는 잘못되었다. 첫째, CEO가 신뢰 회복을 위한 노력을 하나도 하지 않았다(예를 들어, 사실을 솔직히 밝힌다거나, 연봉을 20% 삭감하는 등). 둘째, 몸무게를 줄일 때가 아니다. 구조를 재설계하는 것이 더 시급하다. 셋째, '구조조정'이란 말은 이제 상투어가 되어서 사람들을 감동시킬 수 없다. 비용 절감과 인원 감축이 해답인 이상, 보다 새롭고 신뢰할 수 있는 방법으로 리더의 의사를 전달하는 게 좋겠다.

'다운사이징 제안 계획'을 만들어서 조직원 모두가 다운사이징 실행 방법에 대한 인풋을 제시할 수 있도록 한다. 앞서 직원들의 의견을 수렴하는 것이 좋고, 그렇기 때문에 의견을 구해야 한다는 사실에는 모두가 수긍했다(일상적인 업무에서 비용을 절감하는 방법에 관해서). 비즈니스 재설계 프로세스에 직원들의 인풋이 들어가야 할 때가 오기는 올 것이다. 하지만 해고와 같이 민감하고 고통스러운 문제를 '직원의 제안'에 맡긴다는 것은 재앙을 자처하는 일이다. 직원의 참여를 유도할 수 있는 한 가지 방법은 직원 대표 그룹을 만들어 해고할 사람을 선택하는 기준을 제시하도록 하는 것이다. 물론 이 방법이 경영진에서 의견을 제시하는 것보다 좋은 방법일 수는 없다. 하지만 동참을 통해서 사람들의 인정을 이끌어낼 수는 있다. 직원들이 수긍하지 않는 프로세스는 더 이상 필요 없다.

 호소력 있는 생각이다. 이제 그가 하는 말은 믿을 수 없다. 향후 몇 년간 그를 믿고 따르기는 어려울 것 같다. 하지만 주의하라. 그 기업에 그 리더만큼 잘 어울리는 사람이 없고, 회사의 실패가 그 혼자만의 단독범행이 아닌데 그를 단죄한다는 것은 희생양을 만드는 것밖에 안 된다. 그것은 불공평한 일이며, 아무런 도움도 되지 않는다. 오히려 CEO의 선택에 무조건 신뢰를 보내는 충성 그룹의 반감을 강화시킬 뿐이다. (그런 사람이 의외로 많다) 이런 문제 외에도, 이런 상황에서 리더를 바꾼다는 것은 다시 엄청난 변화의 파장을 몰고 오게 될 것이다. 얻는 것보다는 잃는 것이 더 많아질 게 분명하다. 모든 사항을 고려해보았을 때, 이 리더가 향후 2년 이상 버틸 수 있을 가능성은 많지 않다. 지금으로서는 명예가 엄청나게 실추되어 있기 때문에, 구조조정이 무사히 끝난다고 하더라도 그가 계속 리더로 남아 있을 수는 없다.

범주 4 | 별로 중요하지 않음. 헛수고일 수 있음.

에이펙스 국내 경쟁자 중 규모가 작은 기업을 매입하여 시장 지분을 회복하는 계획을 수립하고, 연구 개발을 강화한다. **가끔씩**

조직은 위기의 순간이 다가오면 내부의 문제를 내부적으로 해결하지 않고 외부로 시선을 돌리곤 한다. 마치 결혼한 부부가 결혼 생활을 어떻게든 유지하려고 새로 아이를 가져보기로 결심하는 것처럼 말이다. 결과는 실패일 확률이 높다. 해결 방안이 나빠서가 아니라 이미 과부하가 걸린 시스템에 다시 다른 짐을 보태는 꼴이 되기 때문이다. 하지만 없는 것을 구하는 것이 전부 잘못된 생각은 아니다. 특히 구조 재설계의 일환이 될 수 있는 경우에는 훌륭한 용단이 될 것이다. 하지만 지금은 그럴 단계가 아니니, 잊어라.

임원 팀을 재구성하고, CEO에게는 '팀 코디네이터'의 역할을 준다. 이 생각에도 몇 가지 장점이 있다. 에이펙스는 보수적인 회사라 지배 구조도 아마 구식일 것이다(최근에는 제대로 된 결정을 내린 적도 없다). 비즈니스의 구조를 바꾼 후에 새로운 지배 구조가 필요하게 되고, 팀워크를 강조하는 새로운 문화가 정착이 되었다면, CEO가 코디네이터인 리더십 팀이란 것도 타당성이 있을 것이다. 하지만 아직은 너무 이르다. 다른 변화와 일관성이 없는 변화는 오히려 혼란만 더 가중시킬 뿐이다.

모든 관리자들을 품질 개선 세미나에 참석하도록 한다. 사실 품질은 에이펙스가 경쟁자에게 입지를 빼앗겼던 중요 요인이었다.

하지만 품질 개선 프로그램은 간단한 프로그램이 아니다. 개인과 그룹 전체의 변환이 요구되는 대단위 프로젝트이다. 지금 진행 중인 구조조정에 이 문제까지 더한다면 곤란하다. 나중에 그림이 보다 확실해지는 시점이 되면, 품질 개선도 에이펙스가 추구하는 중요한 아웃풋 중 하나라는 것이 증명될 것이다. 만일 그전에 품질 개선 프로그램의 실시를 결정한다면, 그것은 이미 무거운 짐을 지고 있는 낙타의 등에 다시 쌀 몇 가마를 더 얹어놓는 꼴이 될 것이다.

보상 시스템을 수정하여, 새로운 시스템에 순응한 구성원에게 보상한다. 네 개의 P가 확정된 이후에 실시한다면 좋은 생각이라는 것이 증명될 것이다. 하지만 지금으로서는 새로운 역할, 태도, 혹은 행동 방식에 특별한 보상을 해줄 수 없다(가치 있는 제안에 대해 보너스를 지급하는 것은 예외로 한다).

범주 5 | 절대로 안 됨!

메모를 취소하고 해고와 공장 폐쇄에 관한 계획안이 구체적으로 만들어질 때까지 아무런 정보도 주지 않는다. 이런 조치를 내린다면, 혼란 정도가 아니라 일대 대혼돈이 빚어질 게 확실하다. 사람들은 뭔가 일이 꾸며지고 있다는 것을 직감하고 있다. CEO가 작성한 메모의 해적판이 팩스를 타고 공장과 사무실로 돌아다닐 것이다. 부사장이 알기 전에 비서가 벌써 뉴스를 알고 있을 테니, 소문을 막을 수 있다고는 상상도 하지 마라. 오히려 신속하게 밀어붙여라. 무슨 일이 진행 중인지 말해주고, 언제 다음 소식을 들을 수 있을 것인지도 알려주어라. 약속한 날짜를 지키지 못할 것 같으면, 그 이유를 설명하고 다시 약속을 잡아라. 의사소통이 끊어지지 않도록 하라. 사람들은 의사소통의 부재를 혐오한다. 더구나 지방 신문 기자들은 언제나 당신이 계획했던 것보다 더 많은 것을 떠들 준비가 되어 있다. 그러니 먼저 의사소통의 주도권을 잡아라. 지금 당장 시작하라.

두 곳의 공장 폐쇄가 변화의 전부가 될 거라는 말로 직원들을 안심시킨다. 거짓말일 게 분명한 이런 말은 절대 해서는 안 된다. 사람들은 경영진의 거짓말이 하나 더 늘었다고 생각할 것이며, '그들이 하는 말은 도무지 믿기지 않아'라고 말할 수 있는 또 하나의 근거가 생겼다고 빈정댈 것이다. 현재 정해진 변화로는 이것이 유일하고, 앞으로 더 추가될 것이 확실하며, 그 내용이 정해지는 대로 빨리 알려주겠다고 말하는 편이 훨씬 낫다.

당장 다음 분기를 위한 생산 목표를 높게 잡아 사람들이 매진할 수 있는 목표를 제시한다. 목표 달성에 실패하는 한이 있더라도 목표는 높게 설정한다. 이런 전술은 사태를 더욱 악화시킨다. 당분간은 확실히 아웃풋이 더 감소할 것이다. 그렇게 되면, 이미 자신감을 잃은 사람들은 자신의 판단이 옳았다는 증거 하나를 더 갖게 될 것이다. 목표를 높게 잡고 좌절감을 지속하느니, 목표를 낮게 잡고 그것을 초월하는 것이 훨씬 더 낫다.

낙관적인 소식을 유포시킨다. 예를 들어, 이 계획은 이미 2년 전부터 준비 중이었다. 이 변화는 조직 약화의 증거가 아니다, 보상은 1년 안에 돌아올 것이다 등. 소식을 전달할 때, 꼭 긍정적인 측면을 강조한다. '긍정적으로 사고하라'는 말은 경우에 따라 진실이 될 수도 있고 그렇지 않을 수도 있는 말이지만, 언제나 잘못된 쪽으로 우리를 호도할 수 있는 위험한 말이다. 성공을 확신하는 사람이 리더가 되는 것은 바람직한 일이지만, 그 길이 순탄하다거나 혹은 성과가 보장되어 있다는 인상을 주는 것은 매우 위험하다. 긍정적인 태도의 과잉은 그러한 인상을 남기는 데 한몫한다. 재설계 프로세스에 들어가서는 현실을 있는 그대로 인식하는 능력이 더욱 중요해진다. 그때가 되면 직면한 현실이 더 잘 보이게 되고, 긍정적인 사고가 희망사항에 불과함을 깨닫게 될 것이다.

에이펙스 직원 전원에게 '우리는 넘버원이다'라고 새겨진 배지를 지급한다. 가라앉지 않고 떠 있는 것만으로도 다행인 회사가 에이펙스 아니던가. 아마 플레이오프 야구 게임을 너무 많이 본

사람이 회사에 있는 게 아닌가 싶다. 이 아이디어는 당치도 않을 뿐더러 긍정적인 사고를 강조하는 전술 중 최악의 전술이고, 최악의 결합이다. 모토는 유용하다. 하지만 그것은 실제적인 가능성을 포착할 수 있을 때만이 그렇다. 그렇지 않고 말로만 그칠 때, '이 회사는 바보들이 끌어가고 있어'라는 믿음만을 확인시켜 줄 뿐이다.

자, 당신의 결과는 어떤가? 확실히 2장에서 했던 것보다는 좋은 결과가 나왔을 것이다. 항목 하나하나를 어떤 범주에 넣을지 결정하면서, 나는 내 스스로 많은 고민을 하고 있음을 발견했다. 아마 다시 한다면 다른 결정을 내릴지도 모른다. 아마도 사람들을 좀더 고려한 그런 결정을 내리게 될 것이다.

에이펙스의 리더들(혹은 당신 자신)이 어떤 계획을 내놓건 간에 그것은 조직원들이 이미 알고 있었던 변화들을 대변하는 것이 될 것이다. 이러한 변화는 변환을 유발시키고, 변화가 성공하려면 반드시 변환이 수반되어야 한다. 계획한 대로 변환 프로세스가 진행될 확률은 변환 관리 기술에 기반을 둔 의사 결정이 뒷받침될 때 증가할 수 있을 것이다.

9장

결론

이 속담은 혹독한 변화와 그것을 극복해낸 수백 년간의 경험에서 나온 말로, 전략적 변화를 꾀하는 조직이라면 어찌 됐든 한 번쯤은 생각해볼 만한 내용이다. 이 속담은 변화를 제아무리 효과적으로 극복하고 긍정적인 성과를 얻는다고 하더라도, 세 가지 심각한 후유증을 남긴다는 사실을 상기시킨다. 첫째, 변화에 의해 상처받은 생존자들, 둘째, 변화로 인해 소중한 것을 읽고 슬퍼하는 자들, 셋째, 변화의 경험 때문에 충성심과 윤리 등이 훼손되어 자기중심적, 적대적, 전복적으로 변한 사람들. 설상가상으로 조직 변화에는 그것을 둘러싼 경쟁이 워낙 치열하기 때문에, 패자는 물론이고 승자에게도 그 후유증이 그대로 남는다.

변화 계획자들은 생존자들의 문제를 크게 염려하지 않는다. 하지만 변화를 실행하는 사람이나 변화로 인해 야기되는 상황을 관리해야 하는 관리자에게 이 문제는 결코 피해 갈 수 없는 중요한 문제이다. 「보드룸 리포츠 *Boardroom Reports*」는 맨빌 코퍼레이션(Manville Corporation)의 파산 직후 상황을 알아보기 위해, 조직 행정 담당 부사장인 히스(S. R. Heath)를 찾아가 인터뷰를 했다. 그는 주로 생존자들의 문제점에 대해 언급했다. 맨빌은 늘어난 부채로 결국은 파산 신청을 했고, 회사 인력을 거의 40%나 줄여야 했다. 기자는 이 일을 겪으면서 가장 힘들었던 일이 무엇인지 물었다. "생존자들의 문제였던 것 같습니다." 그가 대답했다. "우리는 그들이 회사를 그만둔 사람들만큼 그렇게 많은 도움이 필요한지 몰랐습니다. 나가는 사람들에게 신경을 많이 썼지요. 결국엔 팀워크 형성이나 해고로 인해 망가진 인간관계를 회복시키기 위해서는 전문적인 도움이 필요하단 결론을 내리게 되었습니다."

모든 조직이 이런 깊은 상처를 갖게 되는 것은 아니다. 하지만 히스의 지적은 구조조정이나 큰 폭의 인원 감축 계획을 갖고 있는 조직의 리더라면 반드시 심각하게 고려해보아야 할 사항이다. 현대 조직의 아이러니 중 한 가지는 구조조정 열광증이 조직의 건강을 위한다는 명목으로 정당화되고 있다는 사실이다. 많은 조직들이 혹독한 구조조정을 경험한 후에야 지속적인 비용 절감의 유일한 해결책이 직원들의 열정적이면서 효율적인 노력이란 사실을 깨닫곤 한다. 하지만 남겨진 직원들은 독일 속담에 등장하는 '생존자'들과 하나도 다르지 않다. 충전되었던 에너지는 새어 나가고, 관리 부실 혹은 전혀 관리가 이루어지지 않은 변환 때문에 의욕마저 약해진다.

현대 조직의 또 다른 아이러니 중 한 가지는 해고 직원을 위한 전직 지원 서비스가 일반적인 것으로 받아들여지는 반면, 남겨진 자들을 위해서는 그것에 상응하는 서비스가 전혀 없다는 것이다. 이 사실에는 두 가지 모순이 존재한다. 첫째는 돈과 노력이 더 이상 회사의 성공에 기여할 수 없는 사람들에게 쏟아진다는 것이다. 회사의 미래를 짊어질 생존자들의 노력과 사기는 거의 혹은 전혀 관심을 받지 못한다. 둘째는 전직 지원 프로그램에서 지원하는 교육 내용이 경력 관리와 일자리 찾기에 한정되어 있다는 사실이다. 물론 급변하는 환경에 놓인 직원들에게 이런 교육이 필요한 것은 사실이지만, 교육을 받은 직원이 결국은 경쟁사에 가서 일하게 된다는 것 또한 대단한 아이러니가 아닐 수 없다.

경쟁력을 확보하거나 생산성을 향상시키기 위해 변화를 도모한다는 조직에 관한 기사를 읽을 때마다, 나는 이런 문제를 다시 한 번 생각해보게 된다. 「INC」는 이런 기사를 다루면서, 성공한 기업(제조업 분야)이 되기 위해 반드시 지켜야 할 열 가지 항목을 '십계

명’으로 정리해 발표했다.

1. 생산 단위를 소규모로 유지한다.
2. 불필요한 경비를 줄인다.
3. 생산성을 높인다.
4. 생산에 유동성을 둔다.
5. 시장에 중점을 둔다.
6. 고객의 취향에 맞게 상품을 제작한다.
7. 양이 아니라 이익을 높이는 데 주력한다.
8. 고객 서비스를 강조한다.
9. 인종, 성별, 연령 등의 차별을 두지 않는다.
10. 제조업 이외의 분야에 경력이 있는 CEO를 영입한다.

모두가 일리 있는 말이다. 하지만 정작 이런 변화를 꾀하려고 했을 때 겪게 될 변화에 대해 생각해보라. 변화가 시도될 때마다 사람들은 과거를 버리고 상당히 오랜 시간 중립지대에서 방황하며, 새로운 행동 방식을 습득하고 새로운 태도를 몸에 익혀야 한다.

오늘날의 조직은 신기술, 국제적인 경쟁, 새로운 규제 조치, 새로운 세대의 등장 등으로 인해 그전보다 훨씬 더 힘든 시기를 보내고 있다. 그렇다면 처방은? 더 많은 변화를 요구하는 것? 이것은 마치 숙취에 시달리고 있는 사람에게 해장술을 마시면 좋아질 것이라고 말

하는 것이나 다름없다. 하지만 현실에서는 이보다 더한 일도 일어난
다. 해장술로도 효과가 없을 때 다른 변화를 계속 추진하는 것이다.

우리는 지금 변화 부족이 조직의 가장 큰 문제점이라고 지적되던
20세기 중반의 마인드를 그대로 고집하고 있다. 이런 생각 덕분에
‘체인지 에이전트(change agent)’라는 개념이 탄생했다(흔히 조직
외부에서 조직 내부로 들어가 변화를 유도하는 사람). 하지만 21세기
에 들어서면서 문제는 변화 부족이 아니라 변화 자체라는 인식이
점차 증가해가고 있다. 그것은 어제 시도된 변화 프로젝트의 ‘생존
자’들의 문제이다. 또한 그런 시각에서 본다면 생존자가 아닌 사람
은 단 한 사람도 없다.

변환 관리 기술의 중요성을 이토록 강조하는 이유가 여기에 있
다. 당신은 전환이 필요한 국면마다 잘못 관리되거나 관리되지 않
은 변화의 여파를 해결하는 문제 때문에 골머리를 앓게 될 것이다.
관리자에게 이런 일은 악몽과 같다. 그 악몽의 특징을 나는 다섯 가
지로 정리했고, 기억하기 쉽게 하기 위해 ‘GRASS’라는 약어를 사
용하고 있다.

죄책감(Guilt) 당신을 비롯한 관리자들은 직원의 해고, 이동, 전직 시 죄책감을 느낀다. 생존자들도 이런 죄책감을 느끼기는 마찬가지이다. 죄책감은 자기 존중감을 떨어뜨리고, 두 종류의 과잉보상 증상을 낳기도 한다. 즉, 과거의 가혹한 처사들을 묵인하려고 하거나, 혹은 반대로 희생자들을 더욱 가혹하게 비난하는 것이다. 이런 행동을 통해 죄책감을 느끼는 사람들은 죄로부터 스스로를 분리시킨다.

분노(Resentment) 관리자와 직원 모두 변환을 유발한 조직에 대해 분노를 느낀다. 이것은 자연스러운 현상이다. 하지만 슬픔의 과정을 잘 관리하지 않으면, 분노는 점점 더 깊어지고 나중에는 조직 전체를 병들게 하는 지속적인 분노로 발전한다. 분노의 유산을 제대로 치유하지 않으면, 새로운 변화는 시도도 해보기 전에 실패할 수 있다. 게다가 분노는 근무 태만을 낳게 하고, 미묘한 형태의 저항으로 이어지기도 한다.

불안(Anxiety) 사라져가고 있는 과거를 자꾸만 붙들려고 하는 사람에게 이런 증상이 나타난다. 그런데 이상하게 일부 관리자들은 불안이 사기를 올리는 데 도움이 된다고 믿는다. 약간의 불안은 그럴지도 모르지만, 오늘날 대부분의 조직에서 나타나고 있는 정도의 불안이라면 사정은 다르다. 활기는 감소하고 사기는 저하되며 직원들은 새로운 것에 대한 도전을 꺼리게 된다.

자기 몰두(Self-absorption) 불안한 사람들은 자기 상황에만 몰두하여 주위의 동료나 고객에 대한 관심을 상실하게 된다. 의자 뺏기 게임을 상상해보라. 그 게임에서 가장 중요한 것은 '언제 음악이 멈출까?' 내지는 '어디에 앉을까?' 하는 것이다. 이처럼 개인의 관심이 극히 국소적인 문제에 국한될 때, 팀워크, 양질의 서비스, 고품질 등의 보다 큰 사안들은 흐지부지된다. 또한 자기 자신에게 몰두하고 있는 사람들에게 팀워크와 양질의 서비스, 고품질 등을 독려하는 말들은 아무 의미도 없다. 그런 사람들은 주위의 말을 귀담아듣지 않는다.

스트레스(Stress) 앞서 변환기에는 질병이나 사고율이 증가한다는 이야기를 한 적이 있다. 대부분의 조직에는 스트레스 관리 프로그램을 두고 있다. 프로그램이 아예 없는 것보다야 났겠지만, 스트레스의 근원을 타개하는 데에는 역부족이다. 스트레스를 만들어낸 후에 그것을 관리하려 드는 것은 과열된 브레이크를 식히려는 것과 같다. 진짜로 중요한 것은 브레이크가 과열되지 않도록 하는 것이다.

GRASS 죄책감, 분노, 불안, 자기 몰두, 스트레스. 이 다섯 가지 항목은 변환을 효율적으로 관리하지 않았을 때 치러야 할 대가이다. 직원들의 반응에 신경 쓸 시간이 어디 있냐고 주장하는 사람이 분명 있을 것이다. 그럴 때는 이 다섯 가지 항목을 기억하라. 그리고 변환을 관리하지 않는 것은 비용 절감이 아니라 비용 증대로 가는 지름길임을 이해시키도록 하라. 왜냐하면 직원들의 노력과 창의성이 절실히 필요할 때, 정작 직원들은 지치고 사기가 저하되어 제 능력을 발휘할 수 없기 때문이다.

또 하나 기억해두어야 할 사항은 이러한 병폐들을 피할 수 있는 효과적이고 검증된 방법이 있다는 사실이다. 지금도 많은 조직들이 그 방법을 모르기에 쇠락의 길을 열심히 쫓고 있다.

미래를 알면 현재와는 다른 모습의 미래를 만들 수 있다는 점에서, 이 사실을 인식하는 것은 과거 어느 때보다도 의미가 있다. 존재하는 것은 무엇이든 변한다. 미래의 모습에 대해 왈가왈부하는 것은 미래학자의 영역이다. 우리에게 유일하게 확실한 사실 하나는 도처에 이미 많은 변화가 존재한다는 것이다. 변화가 있는 곳에 변환이 있다. 궁극적으로 우리가 예측할 수 있는 변화 방정식은 다음과 같다.

$$변화 + 인간 = 변환$$

변환을 피할 수 있는 방법은 없다. 하지만 관리는 할 수 있다. 더구나 아무 탈 없이 변환 프로세스를 통과하고 싶은 사람이라면, 관리는 필수 사항이다.

어펜딕스

Appendix

변환 준비도 평가

프로젝트를 맡을 때마다
나는 조직의 변환 준비도를 평가하고 있다. 조직마다 특색이 있어서 어떤 조직은 아무 무리 없이 변환을 경험하는가 하면, 어떤 조직은 변환 때문에 회사 운영 자체가 붕괴되고 직원들에게 적지 않은 스트레스를 안겨주어 결국은 득보다 더 많은 해를 초래하기도 한다. 또 일부 경우에는 조직을 강화하기 위해 시도되었던 변화가 조직을 무너뜨리는 최악의 결과를 낳기도 한다.

여기에 제시된 문항들은 프로젝트를 계획할 때, 혹은 컨설팅이나 코칭, 교육 코스 내용을 정하기 위해 인터뷰를 할 때, 참고하는 내용이다. 클라이언트 쪽 사람들과 대화를 하거나 그들이 수집해온 데이터를 확인할 때, 혹은 그쪽의 리더가 전하고자 하는 메시지를 검토할 때, 나는 이 항목에 대한 정확한 답변을 요구한다.

- 변화가 필요하다는 공감대가 널리 확산되어 있는가? 지금의 변화가 문제점을 해결하기 위한 것인가, 아니면 다른 이유가 있는가? 불필요하다고 생각했던 상실감이나 불확실한 상황을 억지로 감내해야 하는 것보다 더 힘든 일은 없다.

- 어떤 변화가 되었건 간에, 지금의 변화가 기존의 문제점을 해결하기 위한 가장 효과적인 방법이라는 것을 대부분의 사람들이 수긍하고 있는가? '받아들이기 힘든 아이디어'를 추진한다면 변환 관리가 더욱 힘들어질 것이다.

- 시도된 변화로 인해 조직원들의 분열이 심화되어, 오히려 하지 않는 것만 못하게 되었는가?

- 리더십에 대한 신뢰 수준이 어느 정도인가? 이 점에 있어서는 항상 사소한 문제가 걸리게 되어 있다. 하지만 신뢰도가 낮을 때는 조직원들을 뜻대로 움직이는 것이 결코 쉽지 않을 것이다.

- 조직원들에게 억지로 끼워 맞추게 된 낯선 상황과 역할에 대해 설명을 들을 수 있는 교육 프로그램을 제공하고 있는가? 이런 노력을 기울이지 않는 조직의 직원들은 새로운 시작에 대한 거부감을 나타내면서 움츠러들려고만 할 것이다.

- 새로운 상황에서 실수를 저지를 때 비난하려는 경향이 있는가?

만일 그렇다면 중립지대를 벗어나야 하는 상황에서도 사람들은 다른 누군가가 먼저 행동을 취해주기만 기다리게 될 것이고, 결과적으로 변환에 소요되는 시간은 더 연장될 것이다.

- 지금의 변화가 조직의 비전 실현에 도움이 되는 전략과 부합되는 부분이 있는가?

- 겉으로 잘 드러나지 않는 끝냄에 대해서 충분한 논의가 이루어졌는가? 이 시기에 버려야 할 것이 무엇인지 다들 잘 알고 있는가? 그리고 그 이유에 대해서도?

- 조직의 역사가 변환에 도움이 될 만한 것인가? 아니면 오래된 상처나 해결되지 않은 문제점이 표면화되어 사람들의 불신감을 높이는 데 일조하고 있는가?

- 변화에 의해 영향을 받게 될 사람들에게 그 내용을 되도록 상세하게 설명했는가?

- 조직 내에 변화나 변환을 관리하는 전문지식을 가진 인력이 있는가? 그들의 도움을 필요로 하는 사람들은 언제나 지원을 받을 수 있는가?

- 변화의 인간적 측면을 관리하는 데 필요한 것이 무엇인지 확실하게 정해졌는가? 그 역할을 맡은 사람들에게 그것을 지원할 수 있는 자원이 충분히 주어졌는가?

- 변화를 주도하는 리더들이 변화보다 오히려 변환에 더 많은 시간이 소요된다는 사실을 이해하고 있는가? 그런 이해가 일정표에도 반영되어 있는가?

- 변환 상태를 모니터링할 수 있는 방법을 만들어두었는가? 반드시 변환 모니터링 팀을 만들 필요는 없지만, 그것에 준하는 기구는 필요할 것이다.

- 조직의 문화가 문제점에 직면한 조직원들을 도와주는 것을 당연하게 생각하는 문화인가? 아니면 그냥 내버려두는 문화인가?

클라이언트 조직에게 이 문제를 직접 묻든, 아니면 직접 묻는 것은 아니지만 대화의 틀로써 사용하든, 이 열다섯 가지 문항은 해당 조직이 큰 어려움 없이 변환 과정을 잘 겪어 나갈 것인지 아니면 기차 전복에 상응하는 조직 붕괴에 직면하게 될 것인지 결정할 수 있는 정확한 기준이 되어줄 것이다. 부정적인 대답이 많이 나올수록 어려움이 발생할 확률은 더 높다. 그 결과를 수량화하기는 어렵지만, '예'라는 대답이 10개 이하로 나온 기업은 한번 심각하게 고민해볼 필요가 있다.

물론 질문 응답자를 구성할 때에는 서열, 직위, 업무 등의 다양성을 고려해야 한다. 리더들은 일선의 직원들이 직면하게 되는 상황을 접할 기회가 거의 없기 때문에 현실과 동떨어진 대답을 내놓을 가능성도 있다. 또한 인사부 사람들만을 질문 대상으로 한다면, 그들의 의제와 정보만이 고려된 편향된 의견만을 얻게 될 수도 있다. 중간 관리자, 감독자, 영업 담당 스태프, 국제 사업부, 시간제 직원 등 어느 집단을 선택해도 마찬가지이다. 이들 모두 자신들만의 고유한 관점이 있기 때문에, 이들 중 어느 한 집단을 선택한다면 역시 균형 잡힌 정보를 얻기는 힘들 것이다. 이렇듯 어느 한 곳의 견해에 치우치지 않으려면, 질문 대상자를 폭넓게 선정해야 한다.

변환 계획 수립

계획이 서 있지 않으면
변화를 시도할 수 없다. 또한 의도된 변화를 위해서는 계획한 대로 오차 없이 변환이 이루어져야 하지만, 이는 현실적으로 어려운 일이다. 하지만 계획대로는 아니더라도 순조롭게 변환을 진행시키기 위해 꼭 염두에 두어야 할 사항들이 몇 가지 있다. 여기 그 내용을 정리한다.

- 문제점을 공유하라. 변화 자체를 공유하려 하기 전에 변화가 필요하다는 인식을 공유해야 한다(적어도 인지시켜야 한다). 그리고 변화가 저절로 일어나기만을 기다리지 마라.

- 문제점을 가장 잘 알고 있는 사람들에게서 문제점에 대한 정보 (information)를 수집하라. 변화에 노출된 사람들이 보호하고자 하는 이익(interests)이 무엇인지 찾아내라. 직원들이 문제점 해결 프로세스에 동참하여 발생한 결과에 대해서는 그들의 투자분(investment)을 인정해주어라. 실력 있는 아이디어 창출자들의 영향력(influence)을 보장해주어라. 정보, 이익, 투자, 영향력은 변환 계획의 중요한 'Four I' 다.

- 이와 동시에(대개는 변화를 공개적으로 선포하기 전에) 조직의 변환 준비도를 평가하여 변환을 준비하는 데 따른 장점과 단점을 파악하라.

- 리더들을 대상으로 변환의 본질, 변환과 변화와의 차이점을 교육하라. 변환을 관리하지 못하면 변화도 관리할 수 없다는 사실을 반드시 이해시켜라. 변환은 관리될 수 있으며, 변환을 관리하는 일에 리더들만의 독특한 역할이 있음을 인지시켜라(어펜딕스 E를 참조하라). 이런 교육이 이루어지지 않는다면, 리더들은 변화에만 관심을 두고 정작 그것을 이루는 데 필요한 사람에게는 관심을 기울이지 않을 것이다.

- 변화를 계획하는 사람 모두에게 '계획대로 변화를 진행하기 위해서는 누가 무엇을 포기해야 할까?' 라는 물음을 진지하게 고민해보도록 하라. 변화에는 변환이 필요하고, 변환을 위해서는 과거를 버려야 한다. 이 과정을 잘 헤쳐 나가는 방법을 예측하

고 계획하는 것은 변환 관리에서 매우 중요한 부분이자 많은 조
직들이 가장 쉽게 놓치는 부분이기도 하다.

- 끝냄에서 곧바로 새로운 시작으로 넘어갈 수 있는 사람은 없다
  는(불가능하다) 사실을 주지시켜라. 그 사이에는 중립지대가 있
  는데, 이 중립지대는 일종의 진공 상태와 같은 곳으로 많은 것
  들이 제 기능을 상실한다. 이 시기에는 동요도 자주 일어난다.
  일부 직원들은 화를 내며 조직에 복수하겠다고 벼른다. 생산성
  은 점점 줄고 의사소통이 단절된다. 이처럼 모든 것이 불확실하
  고 모호한 시기에는 적극적인 리더십과 경영 방식이 간절히 요
  구된다.

- 중립지대는 개인과 조직 모두 한 발 뒤로 물러서서 성찰의 시간
  을 가져야 할 때다. 이런 분위기가 조성될 수 있도록 독려하라.
  이런 성찰이 있어야 조직원들은 새로운 미래를 향해 전진하고
  (변화로 인해 창조된 미래), 그것을 위해 전략과 자원을 수정하
  게 된다. 개인과 집단이 과거로부터 벗어나서 새로운 미래를 준
  비하게 되는 곳이 바로 중간지대이다. 만일 사람들에게 이런 준
  비를 위한 시간과 자원이 주어지지 않는다면, 새로운 미래도 제
  효과를 발휘하지 못할 것이다.

- 개인과 조직이 변환의 3단계 프로세스를 어떻게 통과하는지 모
  니터링하라(변환 모니터링 팀이나 기타 공식적인 방법을 사용하
  라. 어펜딕스 C를 참고하라). 하향식 의사소통 방식에 관심을 쏟

는 것만큼 상향식 의사소통에도 관심을 기울이고, 의사 결정자(변환 프로세스를 거의 끝낸 사람들)와 일선 직원들(이제 끝냄을 통과한 사람들) 간의 간격을 줄이는 데 힘써라. 변환 프로세스를 지원하고, 변환으로 인해 생기는 어려움들을 수치스럽게 생각하지 마라.

● 변화가 사람들에게 요구하는 새로운 행동 방식과 태도를 어떻게 설명하고 격려하고 보상할 것인지 계획을 세워라. '비전'이나 '큰 그림'에 대해 설명하는 것도 좋지만, 대부분 사람들의 실제적인 삶은 구체적이고 실용적인 정보에 의존한다는 점을 기억하라. 그런 현실 속에서 구성원들은 변화에 도움을 주기도 하고 혹은 방해가 되기도 한다. 어떤 행동이 변화에 도움이 되는 행동인지 이해시키도록 하라.

● 변환이 진행되는 동안, 조직과 그 구성원에게 어떤 것이 플러스 요인이 되고 어떤 것이 마이너스 요인이 되는지 지속적으로 추적하라. 이를 통해 변환 관리를 어렵게 만드는 조직의 요인을 수정할 수 있을 것이다. 그리고 다른 한편으로 변환을 겪는 사람들을 지원할 때, 효과가 있는 방법이 어떤 것인지에 대한 유용한 정보를 얻을 수 있을 것이다. 오늘날과 같이 변화가 빈번하게 일어나는 상황을 고려한다면, 분명 이러한 정보는 매우 유용하게 쓰일 것이 틀림없다. 아마 당신이 상상하는 것보다 훨씬 더 빨리 그 효력을 보여줄 것이다.

변환 모니터링 팀 결성

변환을 제아무리 세심하게 준비한다 하더라도, 변화의 결과나 그것에 대한 반응을 모두 예측할 수 없다는 사실은 당신을 속수무책으로 만들 것이다. 그렇기에 변환 모니터링 팀이 유용하게 활용될 수 있는 것이다. 팀의 크기는 10명 안팎이 적당하며, 팀을 하나로 구성하는 것보다는 여러 분야에서 선발한 사람들을 여러 개의 팀으로 나눠서 구성하는 것이 더 효과적이다.

팀을 결성하는 방법에는 여러 가지가 있으며, 각각 장단점이 있다. 팀 활동에 참여시켜야 할 그룹이 많은 경우에는 직위, 근무조, 근무 연수 등을 고려하여 가능한 다양한 집단의 사람들을 구성원으로 지명하는 방법이 가장 바람직하다. 물론 이 방법의 단점은 지명 방식이기 때문에 팀이 경영진의 꼭두각시로 비춰질지 모른다는 점이다. 따라서 구성원을 선발할 때에는 경영진이 선호하지 않는 사람들을 반드시 포함시켜야 한다(비판자로 알려진 사람을 한두 사람 정도 포함시킨다. 그렇게 되면 이 사람들에게 변화의 실체에 대해 따로 교육을 실시해야 하는 부작용이 따를 수도 있다).

조직의 규모가 그다지 크지 않고, 구성원의 다양성보다 구성원의 관심이 더 중요한 조직에서는 변환 모니터링 팀의 임무를 설명하고 자원자를 구하는 방법을 써도 좋다. 아니면 경영진이 직접 구성원을 선발하거나, 혹은 다른 그룹에게 후보자를 지명하도록 한 후 최종 결정은 경영진이 하는 방법을 병행하여 사용할 수도 있다.

하지만 일단 팀이 형성되면 교육을 해야 한다. 교육 내용은 물론 변화에 관한 것이어야 하는데, 변환 관리 팀은 일반적인 피드백 채널이 아니라 변환이 조직의 구성원들에게 미치는 영향을 파악하는 중요한 도구이기 때문이다. 앞만 보고 내달리는 중에 소외된 집단이 생기지는 않았는가? 의사소통은 원활하게 이루어지고 있는가(그렇게 믿고들 있는가)? 변환을 방해하는 정책, 관행, 구조가 있는가? 구성원들이 필요로 하는 정보, 기술, 지원은 무엇인가?

또한 변환 모니터링 팀의 책임 범위에 대해서도 교육이 이루어져야 한다. 변환 모니터링 팀 본연의 임무는 모니터링이지 관리가 아니다. 이런 교육이 없다면, 팀원들은 변화 프로젝트의 리더가 되는 것이 자신들의 임무라고 믿게 될지도 모른다. 팀의 목적이 피드백에 있다는 점은 처음부터 확실하게 짚고 넘어가야 한다.

팀 미팅은 추적해야 할 변환 사안이 있는 한 계속되어야 한다. 그 기간이 1년을 넘어갈 때에는 기존의 멤버들을 새로운 멤버들로 교체하는 것도 좋은 방법이 될 수 있다(새로운 사람들을 조금씩 단계별로 영입하면 참여의 폭을 넓히고 모니터링 프로세스를 널리 알리는 데 도움이 된다). 정기적으로 그리고 자주 만나면서 생소한 문제에 대해 충분하게 논의하는 시간을 가져야 한다. 많은 경우 2주일에 한 번 정도의 미팅이 적당하지만, 경우에 따라서는 좀더 자주 만나야 할 수도 있다. 변화가 거의 막바지를 향해 가면 횟수를 줄여도 좋다.

미팅의 일정과 운영은 퍼실리테이터가 하되, 미팅에는 가끔씩만 참석하는 게 좋다. 대개는 인사과 직원이 이메일로 미팅 일정을 알리고, 미팅을 운영하며, 회의 결과를 의사 결정자에게 보고하는 일을 맡는다. 회의 결과는 의당 의사 결정자들이 알아야 할 정보이기 때문에 퍼실리테이터는 의사 결정자와 쉽게 접촉할 수 있는 사람이면 더 좋다.

처음에는 경영진의 스파이일지도 모른다는 생각에 의심 어린 눈초리로 변환 관리 팀을 바라볼지도 모른다. 의심은 조직 내 불신의 징조이므로, 의사 결정자는 다른 문제가 생기기 전에 이 문제부터 해결해야 한다. 이런 불신은 자신들의 걱정과 어려운 사정을 변환 관리 팀에서 이해해주고, 문제를 제기했을 때 해결해주려고 노력하는 모습을 보였을 때 차츰 사라져갈 것이다. 변환 관리 팀은 단순히 사람들의 이야기를 듣고 그것을 보고하는 수동적인 역할에만 충실할 수도 있고, 일부러 팀원을 파견하여 조직원들을 인터뷰하는 등의 적극적인 역할을 수행할 수도 있다.

일반적으로 변환 관리 팀의 논의의 초점은 조직 내에서 진행되고 있는 변화와 그것으로 야기되는 변환에만 집중하는 것이 좋다. 어쩔 수 없이 보다 포괄적인 문제들에 직면하게 되었을 때(예를 들어, 의사소통이 왜 이렇게 잘 안 되나 등의 문제) 보다 적당한 채널을 찾아 문제를 이양하는 것이 바람직하다. 이 문제는 퍼실리테이터가 알아서 처리하면 되겠지만, 변환 관리 팀에 이런 문제를 해결할 수 있는 사람이 있으면, 그 즉시 문제를 그 사람에게 넘겨도 된다.

변환 관리 팀에 문제를 제기한 사람이 있으면 그것에 대해 구체적인 피드백을 제공해주어야 한다. 좋은 아이디어나 불만, 질문을 제기한 사람들은 응당 그것에 대한 답변을 기다린다. 문제를 제기했음에도 불구하고 아무런 답변도 들을 수 없다면 조직의 피드백 시스템은 급속도로 망가져갈 것이다.

변환 관리 팀은 커질 수도 있는 문제를 초기에 해결할 수 있는 매개체가 된다는 점에 있어서 매우 가치가 높다. 변환 관리 팀을 통해 조직의 구성원들은 자신들이 기여할 수 있는 역할이 있음을 발견한다. 변환 관리 계획의 대부분이 일선 직원들의 인풋 없이 상층의 경영진들에 의해 계획된다는 점을 고려한다면 상당히 고무적인 일이다. 또한 변환 관리 팀은 리더들보다 훨씬 더 정확하고 믿을 수 있

는 정보를 구성원들에게 제공한다는 점에서, 쓸데없는 소문의 증식
을 막는 중요한 역할을 하기도 한다.

변환 중인 조직에서 직원들의 경력 개발

변화에 대한 노출이 잦아져서

변환이 지속적인 상황이 되면, 고용이나 승진의 기회에도 변화가 오게 된다. 간단하게 이야기하면, 승진과 고용의 기회가 사라진다. 관리자층이 하나 제거되면, 여러 개의 자리가 동시에 없어진다. 많은 조직에서 이렇게 무더기로 많은 기회들이 자취도 없이 사라지고 있다. '옛날에는 참 좋은 회사였는데, 이젠 그런 기회가 없어'라는 불평이 나오는 것도 이 시점이다.

변화 때문에 기회가 없어진다는 말은 진실이다. 하지만 그 반대도 역시 진실이다. 경영 구조의 수평화가 실시되면 관리자층이 사라지지만, 반대급부로 자기 주도적인 그룹이 다수 생겨나게 된다. 이렇게 생겨난 자기 주도적인 그룹은 또한 새로운 인간형에 맞는 역할을 만들어낸다. 예를 들어, 팀과 조직의 다른 부분을 연결시켜 주는 인터페이스의 역할 같은 것이다. 다른 예를 하나 더 들어보자. 구조조정을 통해 부서를 분산하게 되면, 가상 팀(편재되어 있지 않은)을 관리하고 여러 곳에 흩어져 있는 작업 그룹을 관리할 수 있는 사람이 필요하게 된다. 따라서 변화로 인해 기회가 파괴되는 것이 아니라 조직 내의 기회 구조가 재편된다고 하는 표현이 더 옳다.

변환의 시류에 순응하며 살고 싶은 사람이라면 이러한 기회를 최대한 이용할 수 있는 방법을 찾는 것이 좋겠다(그런데도 많은 사람들은 변화에 의해 영향 받지 않을 수 있는 방법만을 연구한다). 단순히 변화에 적응하는 것만으로는 부족하다. 변화가 지속적으로 일어날 때에는 변화에 적응하는 것이나 현실에 적응하는 것이나 별 차이가 없다. 변화 자체가 이미 현실이 되어 있기 때문이다. 그렇다면 이런 상황을 제대로 이용할 수 있는 방법에는 어떤 것이 있을까?

첫 번째로 해야 할 일은 '고정된 일자리'에 대한 생각을 버리고, '충족되지 않은 요구', '해결해야 할 일' 조직 내에서의 '해결되지 않은 문제점'의 관점에서 사고하는 것이다. 그렇게 생각하게 되면 조직(혹은 당신이 가장 잘 알고 있는 조직 내 활동)을 시장이나 충족되지 않은 요구를 충족시켜주기를 원하는 (잠재) 고객으로 파악할 수 있게 된다. 예전의 당신처럼 일자리 중심으로 사고했던 사람들은 문제가 생기면 그 문제를 떠맡길 자리를 만드는 것을 가장 먼저 생각했다.

지금 당장 이러한 추세에 편승하기 위해 어떤 조치를 취할 필요는 없다. 이미 조직에는 소수지만 컨설턴트와 계약직 직원들이 포진해 있을 것이다. 오늘날에는 이미 충족되지 않은 요구를 해결하기 위해 프리랜서의 도움을 받는 것이 상당히 일반화된 현상이 되었기 때문이다. 하지만 모든 조직이 그렇게까지 할 필요는 없다. 당신의 조직도 마찬가지이다. 당신이 먼저 충족되지 않은 요구를 찾아 해결한다면, 그렇게 될 확률은 크지 않다. 당신이 프리랜서가 되면 된다(원하기만 하면 할 수 있다). 그렇다면 어떤 준비를 해야 할까? 잡시프트 5단계(Five JobShift Steps)라고 명명한 방법을 소개해 본다.

1단계 : 도움을 필요로 하는 사람에게 당신이 가진 자원 중 어떤 것을 제공할 수 있을지 먼저 파악한다. 다음의 네 가지 기준을 모두 고려한 자원을 선택하라.

첫째, 당신이 진정으로 원하는 것. 욕망이 있어야 동기 부여가 확실하기 때문이다. 무언가를 간절히 원하면 일도 열심히 하게 된다. 이러한 적극적인 태도는 오늘날의 조직이 원하는 것이기도 하다.

둘째, 능력을 고려하라. 당신이 잘하는 것은 무엇인가?

셋째, 당신의 기질은 어떠한가? 당신은 어떤 활동을 할 때 가장 마음이 편한가?

넷째, 당신의 자산은 어떤 것인가? 어떤 지식, 업무 기술, 경험을 갖고 있는가? 어떤 인맥을 갖고 있으며, 어떤 자질(추천장, 학위 등)이 있는가?

종합하면, 욕망, 능력, 자질, 자산이 당신이 고려해야 할 사항들이다. 이것이 당신의 자산이 된다.

2단계 : 당신이 서비스를 제공할 시장을 조사하고 그 특성을 파악해야 한다. 고객이 될 사람은 누구인가? 그들이 원하는 것은 무엇인가? 이 고객이 안고 있는 문제점은 무엇인가? 요구되는 제품이나 서비스의 구체적인 사양은 어떤 것인가? 서비스나 상품을 제공하려면, 그것을 이용할 고객에 대한 조사가 이루어져 한다. 조사에는 시간이 걸리겠지만, 그만큼의 효과가 있을 것이다. 그렇게 하면, 여러 사람과 경쟁할 필요도 없어질 것이다.

3단계 : 다음에는 당신의 자원과 시장에서 발견한 충족되지 않은 요구를 결합시킨다. 이 결합으로 탄생한 것(소위 '당신이 필요로 하는 것을 나는 갖고 있다')이 바로 당신의 상품이다. 당신의 상품은 구체적인 고객의 문제점에 대한 해결 방안으로, 고객의 입장에서는 원하지만 자신의 힘으로는 얻을 수 없는 그 무엇이다. 당신은 이제 더 이상 맡은 업무만을 처리하는 피고용인이 아니라 상품을 판매하는 독립된 직원(독립된 직원도 조직의 직원이 될 수도 있다)이다. 고객은 이런 직원에게 정해진 임금보다 훨씬 더 많은 돈을 지불하려 할 것이다. 얼마나 좋은 생각인가. 이런 생각을 자주 하게 되면, 피고용인이라는 조직에서 당신의 현 위치에 대해 다시 한 번 생각해보는 시간을 자연스럽게 갖게 될 것이다.

4단계 : 스스로를 '맡은 업무를 처리하는 사람'이 아닌 '상품을 판매하는 자'로 인식한다는 것은 스스로가 비즈니스 운영자가 된다는 것을 의미한다. 당신이 조직의 일원인가 아닌가 하는 것은 별개의 문제이다. 당신의 비즈니스(당신 회사의 비즈니스가 아닌 당신 자신의 비즈니스)는 어떤 것인지 잘 파악되지 않는가? 그렇다고 실망하지는 마라. 대부분의 동료들이 잘 모르는 사실이다. 그 해답을 구할 수만 있다면, 동료보다 한 발 앞선 출발을 하는 것이다.

5단계 : 비즈니스의 주체가 된 당신, 이제 당신은 작은 회사의 CEO이다(법적으로는 직원이지만). 경력에 대한 생각은 이제 집어치워라. 그리고 당신의 비즈니스의 전략 계획에 대해서 고민하라. 'You & Co.'가 목표하는 바는 무엇인가? 어떤 자원을 필요로 하는가? 어떻게 시장의 요구를 만족시킬 것인가?

잡시프트 5단계를 통해 당신은 주어진 일을 처리하는 직원의 마인드를 버리고 고객이 요구하는 바를 해결하는 독립된 에이전트로서의 마인드를 갖게 될 것이다. 하지만 평범한 직장인으로 지내는 게 편하다고 생각하는 사람은 이런 요구가 자신과 맞지 않다고 생각할 것이다. 좋다. 그렇다면 오늘날의 조직이 원하는 것은 무엇인가? 고객에게 최상의 서비스와 상품을 제공하는 직원이 아니던가. 이것이 바로 내가 말하는 것이다. 이것만이 최고가 될 수 있는 방법이다.

이런 식의 사고 전환이 필요한 것은 사실이지만, 그렇게 하다 보면 근시안적인 사고를 가진 관리자들과 갈등을 빚는 일이 종종 발생할 수도 있다. 이런 관리자들은 심지어 '네 일이나 잘하라' 며 그것에 합당한 일처리를 요구할지도 모른다. 불가피하게 상황이 이렇게 돌아간다면, 결과를 중시하고 관리자들의 사고가 경직되어 있지 않은 그런 조직을 찾아보는 것도 한 방법이 될 수 있다. 하지만 그렇게까지 서두르고 싶지 않다면, 지금 있는 자리에서 분발하라. 그러면 그런 세상이 조만간 당신 앞에 와 있을 것이다.

오늘날과 같이 변화가 지속적으로 일어나는 시대에 경력 개발과 관련하여 내가 해줄 수 있는 최고의 충고는 일자리에 집착하는 마음을 버리고 요구가 있는 일, 즉 당신의 자원을 활용할 수 있고 누군가에게 필요한 상품을 제공할 수 있는 그런 일을 찾으라는 것이다. 20여 년 전 내 주변 사람들의 충족되지 않은 요구가 변화를 성공적·생산적으로 해결하는 것임을 파악했을 때, 내가 시도했던 일이 바로 이것이었다. 나는 내가 가진 자원이 이 주제에 대해 강연을 하고 글을 쓰는 것과 가장 잘 어울린다고 생각했다. 그래서 그 후로 계속 이 일에 매달렸다. 이 책은 내가 만들어낸 상품의 하나이다. 당신에게도 이런 정보가 유용하게 사용되기를 바란다.

변환에서 리더의 역할

변화를 주도하는 데 있어

리더의 역할이 가장 중요하다는 것을 모르는 사람은 없다. 하지만 이에 못지않게 변환을 관리하는 능력이 중요하다는 사실을 아는 사람은 거의 없다. 두 가지 역할에 서로 겹치는 부분이 있는 것은 사실이지만, 두 역할은 근본적으로 다르다. 변화와 관련된 리더의 역할은 변화 프로젝트의 성과를 결정하고(다른 사람들과의 협력을 통해서), 지속적으로 그 결과의 내용과 그 중요성을 상기시키는 것이다.

반면, 변환과 관련된 리더의 역할은 변화를 겪는 사람들을 관리하는 것이다. 변환 리더십의 제일 좋은 모델은 모세이다. 그는 이스라엘 민족을 설득하여 이집트 땅을 떠나게 했고, 사막을 건너 여호

수아에게도 인도했고, 거기서 새로운 시작을 했다. 모세가 약속의 땅에 들어가지 못했다는 사실은 새로운 시작을 위해서는 반드시 그 전에 리더십 스타일의 변화가 선행되어야 함을 상징한다. 이스라엘 사람들의 변형은 이미 그때 완료되었고, 그때 필요했던 것은 '거래적 리더(transactional leader)'의 출현이었다. 그 기준에 맞는 인물은 바로 모세가 아닌 현실적인 리더 여호수아였다. 현대 조직에서는 한 사람의 리더가 두 가지 기능을 모두 수행하지만, 여전히 변환의 출발은 끝냄과 중립지대에서 일어나고 진정한 변화는 새로운 시작과 함께 시작된다. 그리고 새로운 시작은 사막에서 창조된 정체성과 목적의식이 보다 분명해지는 시기이기도 하다(과거를 버림으로써 가능해진 변화로서 출애굽기에서는 '이집트를 떠나는 사건'으로 상징된다). 변환 리더십은 이렇듯 변환의 3단계와 많은 관련이 있다. 그런데 현실에서는 변환 3단계 전후로 준비 단계와 마무리 단계가 하나씩 더 추가된다. 따라서 변환을 총 5막으로 구성된 연극이라고 보는 것이 그 프로세스를 이해하는 데 더 많은 도움이 될 것이다.

1막 변환 전

아직 변환이 시작된 것은 아니지만, 이미 변화는 진행 중이라는 사실을 모르는 사람은 없다. 임원을 비롯해 다른 사람들은 아직 이런 사실을 인지하고 있지는 않지만, 그렇다고 해서 변환 리더십을 발휘할 때가 아니라는 의미는 아니다. 지금은 사람들에게 문제점을 인식시켜야 할 때이다. 일부 리더들은 문제점을 알렸을 때 추종자들의 거부반응이 두려워 발표를 꺼리기도 하는데, 오히려 이런 사람들은 나중에 사람들의 반응이 빨리 오지 않으면 화를 낸다. 리더를 따르라고 말하기 전에, 조직원들은 반드시 문제점이 있음을 인정하고 그것을 해결하지 않았을 때 발생하는 또 다른 문제점을 이해하고 있어야 한다.

이런 역할을 충실히 이행하기 위해서는 먼저 리더의 리더십 변환이 선행되어야 한다. 과거에는 문제점이 있어도 입을 다물어야 했지만, 이제 그런 방식은 과감히 포기되어야 한다. 오늘날의 많은 리더들과 조직이 변환에 어려움을 겪고 있는 것도 알고 보면 무슨 일이 있어도 낙관적이고 긍정적이어야 했던 과거의 리더십 스타일 때문이다.

변환 관리 준비 단계에서 두 번째로 해야 할 일은 변화의 종류와 그것의 필요성을 설명할 수 있는 1분 스피치를 준비하는 일이다. 벌써부터 변화와 관련된 세부사항을 제시할 수는 없겠지만, 추가 정보를 언제쯤 제공할 것인지에 대한 대략적인 정보는 줄 수 있을 것이다. 당신은 1분 스피치를 통해 일관적으로 반복해서 전달해야 할 기본적인 메시지를 강조할 수 있다.

준비 단계에서 마지막으로 해야 할 일은 리더에 대한 구성원들의 신뢰도 수준을 평가하는 일이다. 신뢰도가 낮다는 것은 변환의 어려움을 의미한다. 신뢰도를 높일 수 있는 일은 무엇이든 가리지 말아야 한다. 특히 이 시기에는 언행을 일치시키는 것이 중요하다. 또한 리더와 추종자들 간의 감정적인 유대를 강화하고 모두 같은 배를 탔다는 인식을 만들어야 한다. 리더들이 자신과 다른 배를 타고 있다는 인식이 생겨날 때, 말의 가치가 떨어질 것은 두말할 필요도 없다. 기억하라. 당신의 행동과 그 행동으로 빚어진 상황은 말보다 훨씬 더 비중 있는 메시지를 전달한다.

2막 끝냄의 기간

이 시기에는 저항이나 반대에 대해 과잉반응을 보이지 않도록 주의해야 한다. 저항의 대상은 변화가 아니다. 물론 변화가 조직의 미래를 결정하고 그러기에 모든 사람의 에너지가 집중되어야 할 대상인 것은 사실이지만, 그렇다고 해서 저항의 대상이 되는 것은 아니다. 사람들을 저항하게 만드는 것은 과거 수년간 익숙해져 있었던 행동 방식과 태도를 버리도록 강요하는 상황이다. 개인적 차원과 집단적 차원에서 자신에게 익숙해져 있던 상황과 시각을 포기해야 하는 사람들의 고충을 이해하라. 상실을 슬퍼할 수 있는 여유를 주어라. 전후 사정을 고려하지 않고 슬픔을 분노나 우울증으로 해석하지 마라. 그리고 그것을 당신의 권위에 대한 도전으로 받아들이지 마라.

이 시기에는 정보에 대한 갈증이 심해진다는 사실도 기억하라. 정작 필요한 정보를 받고 나서는 언제 그런 갈망을 느꼈는지조차 기억하지 못하는 것이 일반적인 현상이지만 말이다. 사람들이 정신

없이 우왕좌왕하는 모습을 보이거든, 과거를 버리고 남아 있는 것에 관심을 재집중시키는 복잡한 분류 프로세스 때문에 일시적으로 나타나는 현상임을 기억하라.

이 프로세스에서 리더는 무엇을 버리고 무엇을 보존해야 할지를 결정하는 중요한 역할을 해야 한다. 일부 리더들은 끝냄에 초점을 맞출 경우 사람들의 사기가 떨어질 것이 두려워 이 일을 일부러 회피하기도 한다. 하지만 이 점을 기억하라. 사기를 떨어뜨리는 것은 끝냄 그 자체의 내용이지 그것을 언급하느냐 혹은 하지 않느냐의 문제가 아니다. 끝냄 단계에서 처리해야 할 일을 제대로 알려주지 않는 리더는 나중에 고생하게 되어 있다. 과거를 제대로 청산하지 못한 사람들은 새로운 단계에 들어가 있어야 마땅할 시기에 그 중간에서 헤매고 있을 것이 뻔하기 때문이다.

리더는 말보다는 행동으로 자신의 의사를 전달해야 함에도 불구하고 끝냄의 단계에서는 종종 행동보다 말에 의존하는 경향이 더 강하게 나타난다. 이런 때일수록 상징적이고 시의 적절한 행동을 통해서 정확한 메시지를 전달해야 한다. 끝냄의 과정을 극적으로 상징화하고 과거로부터 탈피해야 할 때가 지금이라는 메시지를 분명하게 전달할 수 있는 행동을 몇 가지 예로 들면 다음과 같다. 장거리에 위치한 공장 방문, 시의 적절한 지원 제공, 새로운 기준에 의거한 자금 지원, 변화에 대해 모호한 입장을 취하는 리더의 전직, 끝냄을 기념할 수 있는 축하 이벤트의 실시 등이다.

중립지대에서 사람들은 좌절과 혼돈을 경험한다. 그렇다면 이 단계의 규칙은? 누가 무엇을 책임져야 하는가? 기존의 우선순위를 대체할 새로운 전략은? 중립지대의 사람들은 끝냄의 단계에서 버리고 온 것들을 대체할 것들을 찾아야 한다. ‘CUPS’ 라는 약어를 기억하는 것이 이 사안을 이해하는 데 도움이 될 것이다. CUPS는 통제(Control), 이해(Understanding), 지원(Support), 우선순위(Priority)이다. 변화에 적응하기 위해 애를 쓰는 사람들은 CUPS를 통해 안정감을 찾으려 한다는 사실을 기억하라.

- 상황에 대한 통제력을 확보하려 한다. 구성원들의 일, 미래, 일반적인 생활을 통제할 수 있는 일은 무엇이든 환영할 것이다.

- 주변의 상황을 이해하고 싶어한다. 조직의 활동과 변환 프로세스 자체를 이해했을 때 구성원들의 참여가 더욱 활발해질 것이다. 변환 용어(끝냄, 중립지대, 시작)를 사용하는 것도 감정을 이해시키는 데 도움이 된다.

- 지원받고 있다는 느낌을 전달한다. 대부분의 사람들은 변화가 시작되기 전에 나름대로의 지원 시스템을 갖고 있다가, 변화 후 지원 시스템을 상실하는 경험을 하게 된다. 이런 시기에는 정서적인 지원을 제공해주어야 한다. 이 시점에서는 상대의 감정을 이해하고 그 사람의 관점에서 세계를 상상할 수 있는 능력이 요

구된다. 또한 조직에서 그들이 필요로 하는 실질적인 도움을 제
공하기 위해 노력하고 있다는 인식을 심어주는 것도 중요하다.

- 달라진 우선순위를 상세히 밝히그, 적절한 모범 사례와 보상을
  통해서 그 행동을 강화한다.

이 시기에는 구성원이나 관리자들에게 느끼는 우려의 감정을 그
대로 표현하는 것이 중요하다(추종자들의 감정을 배려하지 않는 리
더는 아무리 좋은 말로 자신의 행동을 기화하려 해도 위선자라는 사실
을 숨길 수 없기 때문이다). 구성원에 대한 관심을 표현할 수 있는 한
가지 좋은 방법은 듣기이다. 중립지대에서의 원활한 의사소통을 위
해서는 말하기보다 듣기가 더욱 효과적이다. 변환 관리 팀이나 직
원들과의 비정규적인 미팅은 좋은 듣기 방법이다.

또한 중립지대는 리더 스스로 현 상황으로부터 잠시 물러서서 자
신의 리더십을 성찰해보아야 할 시기이기도 한다. 리더 자신에게
닥친 변환을 제대로 관리하지 못하는 것만큼 리더에게 치명적인 것
도 없다. 변환 프로세스에서는 리더의 역할도 바뀌어야 한다는 사
실을 인지하지 못하는 리더는 조직의 지도자가 될 수 없다. 전략,
우선순위, 문화적 가치, 비즈니스 프로세스의 변화는 리더 자신이
당연시해왔던 계획들에 대한 문제제기를 요구할 것이다. 그리고 이
러한 변화는 새로운 기회를 창출하는 계기로 활용될 것이다(리더십
의 변화와 변환을 요구하게 되겠지간). 이런 시기가 닥치면, 리더

는 버려야 할 과거를 결정한 후 자신에게 맞는 변환의 경로를 따라
야 한다.

4막 새로운 시작

리더는 자신이 주도했던 변화의 세부사항에 너무 집착해서는 안
된다. 그렇게 되면 의도했던 결과를 얻지 못하는 불상사를 초래할
수 있다. 감정적으로 자신의 계획에만 몰두하는 리더는 우발적인
것과 필수적인 것을 구분하지 못하고, 결국 우발적인 것을 필수적
인 것에 선행하는 우를 범하기 쉽다. 이런 리더들은 계획대로 일이
추진되고 있지 않다는 보고가 변환 관리 팀으로부터 들어와도 그들
의 의견을 수렴하지 않는다. 대신에 효과도 없는 계획을 그대로 추
진할 것을 고집한다. 시스템에 어느 정도 유동성이 있고 구성원들
이 그것에 따라 자신의 상황을 조절할 수 있을 때, 새로운 시작의
성과가 더 좋아진다. 이 사실을 이해하는 리더만이 구성원들을 약
속의 땅으로 이끌어낼 수 있다. 이런 사실을 이해하지 못하는 리더
는 처음의 의도를 고집하지만 결국 실패한다.

변환 관리에 능숙한 리더는 새로운 시작에 적합한 행동과 태도에
보상하는 것을 당연하게 생각하는 반면, 그렇지 못한 리더는 칭찬
이나 다른 형태의 행동 강화 양식을 필요 없는 것으로 간주한다. 일
반적인 것이나 자연스러운 것으로 정착되지 않은 행동을 시도했을
때, 그것을 보상해주면 기대 이상의 효과를 거둘 수 있다는 사실을

기억하라.

또한 새로운 시작에서는 당신이 다른 추종자들보다 훨씬 더 앞서 나가 있다는 사실도 기억하라. 당신은 변화에 대해 더 오래전부터 알고 있었고, 훨씬 더 포괄적인 밑그림을 갖고 있으며, 과거의 방식을 대체할 수 있는 대안에 대해서 더 많은 것을 알고 있기에 과거의 정체성에 집착하는 정도도 더 약할 수밖에 없다. 따라서 당신이 가진 장점을 개인적인 능력으로 받아들여서는 안 된다. 즉 당신이 더 똑똑하거나 더 훌륭한 사람이어서 변화에 빨리 적응한 것이 아니라는 뜻이다. 따라서 당신의 요구와 추종자들의 요구가 서로 같을 수 없다. 당신은 추종자들이 모두 당신과 동일한 요구와 동일한 시각을 갖고 있지 않음을 인정해야 한다.

5막 변환 후

조직에는 이런저런 변화가 쉴 새 없이 일어나기에 리더들은 항상 정신이 없다. 하지만 모든 변화는 변화로 인해 생겨난 변환을 얼마나 성공적으로 관리했는지 성찰할 수 있는 기회를 제공한다. 이러한 성찰(그 결과로 생겨난 스타일이나 방법, 기법, 자원의 개선)은 조직 발전의 중요한 요소로서, 의미 있는 변화라면 반드시 이런 기회가 주어져야 한다. 변환 프로세스를 아무런 문제 없이 경험하는(형식이나 기능면에서) 조직은 거의 없다. 하지만 오늘날 변환은 지속적인 현상이 되었다. 그런데도 대부분의 조직은 마치 그렇지 않은

듯 행동한다(대부분의 임원들이 변환을 지속적인 것이 아닌 일시적인 것으로 생각하는데, 이것도 전혀 우연이 아니다).

하지만 조직이나 리더의 변환 관리 능력을 향상시키는 것은 매우 중요하다. 하지만 고위직 리더의 후원이 따로 이루어지지 않는 한, 그 문제를 중요하게 여기는 조직은 거의 없다. 변환 프로세스를 무사히 마치기 위해서는 변환 관리 능력을 평가하고 향상시키는 일이 뒷받침되어야 한다. 그런데 오늘날과 같이 모든 것이 빠르게 변화하는 세상에서는 시간적 여유가 별로 없는 것이 문제이다. 1980년대 중반 우리 팀에서 컨설팅을 해주었던 모 회사도 이런 유에 속했다. 그 회사는 새로 지은 생산 공장을 가동하고 기존의 공장을 폐쇄하는 문제에만 골몰한 나머지, 정작 그것에 필요한 표준 절차를 만들어놓지 못했다. 그래서 매번 이런 일이 있을 때마다 처음부터 그 절차를 다시 만들어야 했다. 누군가 "어, 이거 전에도 한 거잖아. 이젠 방법을 알 때도 되지 않았나"라고 말할 때까지 그 일은 계속 반복되었다. 사실 이 말을 한 것도 그 조직의 리더였다.

저자에 관하여

월리엄 브리지스는

조직의 변화 및 변화 관리 분야에서 탁월한 실력을 인정받고 있는 인물이다. 그는 전직 문학 교수로서 하버드, 콜롬비아, 브라운대학에서 수학했다. 박사 학위는 1963년 미국 문명사에 관한 논문으로 브라운대학에서 받았다. 그는 컨설턴트가 되기 위해 커리어를 수정한 후 1981년 월리엄 브리지스 & 어소시에이트(William Bridges & Associates)를 창립하고, 조직과 개인의 변환 관리를 돕고 있다.

그는 퍼시픽 벨, 박스터 헬스케어, 인텔, 카이저 퍼머넌테, 프록터 앤 갬블, 휴렛 팩커드, 미 산림청, 세브런 코퍼레이션, 사우디 아람코, 스탠퍼드대학, USA 투데이, 쉘 패트롤륨(런던), 오스트레일리아 국방부, 아스트라-제네카 제약회사, 트라이벤트 파이낸셜 등을 비롯하여 여러 기업에서 조직 합병, 구조조정, 지도부 교체, 문화 변혁 등과 관련된 일을 지원해왔다. 「월스트리트 저널」은 미국에서 가장 뛰어난 임원 계발 컨설턴트 10인 중 한 명으로 그를 선정하였다. 브리지스의 저서나 서비스에 대해 더 알고 싶은 사람은 그의 웹사이트인 www.wmbridges.com이나 아래의 주소를 참고하라.

William Bridges & Associates

38 Miller Avenue, Suite 12

Mill Valley, CA 94941

Telephone : 415-381-9663

Fax : 415-381-8124

E-mail : wmbridges@wmbridges.com